혼자의 시간으로
더 깊어지는 법에 관하여

THE ART OF BEING ALONE: Solitude is My HOME,
Loneliness was My Cage.
Copyright © 2023 by Renuka Gavrani. All rights reserved.

Korean translation rights arranged with the author through
ALICE Agency, Seoul.
Korean translation copyright © 2025 by Firstpenguin.

이 책의 한국어판 저작권은 앨리스에이전시를 통한 저작권사와의 독점 계약으로
(주)퍼스트펭귄 콘텐츠에 있습니다. 저작권법에 의해 한국 내에서 보호를 받는
저작물이므로 무단전재와 복제를 금합니다.

혼자의 시간으로 　더 깊어지는 　　법에 관하여

레누카 가브라니 지음 ㅣ 최유경 옮김

퍼스트펭귄

자기만의 마음에 갇힌
모든 사람을 위하여

프롤로그

혼자인 것은
외로운 것이 아니다

어느 날엔가 미국의 '국가 주치의(공중보건복무단장 겸 의무총감)'로 일하는 비벡 머시(Vivek Murthy) 박사가 쓴 글이 내 눈에 강렬하게 들어왔다. "외로움은 하루에 담배 15개비를 피우는 것과 매우 유사한 수준으로 수명을 단축시킨다"라는 내용이었다. 그는 외로움을 많이 느낄수록 치매에 걸릴 확률이 66%, 심근경색 위험은 43% 정도 높아진다는 연구 결과도 함께 소개했다.

그즈음 나는 이 책을 써야겠다는 생각을 했다. 단순히 데이터를 말하는 책이 아니라 '내 마음'과 '독자들의 마음'을 잇는 따뜻하고 위로가 되는 책을 쓰고 싶었다. 세상에 외로운 사람이 얼마나 많은지는 중요하지 않으니까. 핵심은 "우리는 어떻게 외로움을 극복할 수 있을까?"다.

우리 사회에서 외로움은 왜 숨기고 싶어 하는 감정이 된 걸까? 사람들은 왜 '혼자 있는 것'을 '외로운 것'으로 간주할까? 왜 '나는 혼자다'라는 생각을 싫어할까? 혼자 있다는 생각이 왜 우리를 두렵게 만드는 걸까?

솔직히 말하자면 이런 질문을 지금 당신에게 던지고 있는 나도 별반 다르지 않았었다. 외롭다는 생각이 들 때마다 어쩌면 나에게 뭔가 문제가 있을지도 모른다고, 그래서 사람들이 나를 떠났을지도 모른다고 생각했다. 내 안의 그 '잘못된' 부분을 고칠 수만 있다면 사람들이 나를 떠나지 않을 거라고 착각했다.

그러나 혼자의 시간을 깊게 보내며 나라는 사람을 찬찬히 살핀 후에야 나는 내가 꽤 괜찮은 사람이라는 걸 온전히 깨닫게 됐다.

나는 나 자신과 함께 있는 것을 좋아한다. 돌이켜 보면 항상 그랬다. 나는 내 방에서 시간을 보내고, 책을 읽고, 나만 아는 특별한 장소에 머무는 걸 좋아했다. 나에겐 그게 꽤 호화로운 일이었다.

내 과거를 깊이 들여다보면서 내가 왜 혼자 있는 것을 싫어하게 됐는지 생각해 보았다. 소위 '인싸'가 되길 원하는 것도 아닌데 왜 친구들을 사귀려고 그렇게 애썼던 걸까?

나는 내성적인 사람이라서 내가 진정으로 사랑하는 몇몇의 사람들과만 함께하는 게 좋다. 나를 친구라고 부르면서 뒤에서 험담하는 사람들과는 결코 어울리고 싶지 않다. 결국 내 질문은 여기로 향했다.

'왜 나는 내가 싫어하는 것을 바랐던 걸까?'

답은 '인정받고 싶다는 욕구'에 있었다.

고등학교 시절, 우리 반에는 항상 혼자인 여학생이 있었다. 왜 아무도 그 아이에게 말을 걸지 않았는지 모르겠다. 뒤늦게 그 학교로 전학을 간 내게도 친구들이 곧 생겼는데, 그곳에서 계속 공부해 왔던 그 애는 끝까지 어울리는 무리가 딱히 없었다. 그녀는 혼자 밥을 먹었고, 늘 교실 맨 뒷줄에 혼자 앉았다.

심지어 화장실도 항상 혼자 갔다(웃기게도 그 나이 또래 여자아이들은 혼자 화장실에 다녀오는 것보다 차라리 화장실 가고 싶은 걸 참는 게 낫다고 생각하는 경우가 종종 있다). 그 애는 언제나 혼자였다. 반 아이들은 혼자 있는 그 애를 불쌍하게 여겼다.

내가 전학 오고 얼마 안 됐을 때, 한번은 반 친구 중 한 명에게 그 애에 관해 물어본 기억이 있다.
"있잖아, 저 여자애는 왜 항상 혼자야?"
"모르겠어. 나도 걔랑 얘기해 본 적 없거든. 그냥 쟤는 늘 저랬어. 좀 특이한 애야. 딱 보면 알잖아?"

이 대화는 우리가 외로움을 두려워하는 이유를 명확히 보여준다. 외로움에 대한 두려움은 어렸을 때부터 머릿속에 주입된다. 혼자 밥을 먹고, 혼자 앉아 있고, 친구들과 뭉쳐서 다니지 않는 아이는 불쌍하고 특이하다고 학습된 것이다. 책이나 영화를 봐도 혼자 밥을 먹고 친구가 없는 아이는 항상 구해줘야 하는 나약한 캐릭터로 등장한다. 외로움에 대한 공통된 패턴이랄까? 혼자 있는 사람은 쉽게 동정의 대상으로 그려지고 실제로도 동정을 받는다.

우리는 사람들이 나를 별난 사람, 도움이 필요하거나 조롱해야 하는 사람, 남들과 잘 어울리지 못하는 사람이라고 여기기를 바라지 않는다. 그리고 이런 마음들이 외로움을 두렵게 만든다.

다른 사람들이 나를 어떻게 생각하는지에 왜 신경이 쓰이는지에 대해서는 더 설명할 필요가 없을 것이다. 우리는 우리 자신의 삶을 살지만, 사회라는 틀 안에서 살고 있기도 하다. 많은 사람들이 자신의 목표를 실행에 옮기지 못하는 이유는 바로 '다른 사람들이 나를 어떻게 생각할까' 걱정하기 때문이다. 혹시 나를 비웃을까 봐, 실패하면 모두가 자신을 실패자라고 여길까 봐 두려워하는 것이다.

우리의 삶은 타인의 생각과 판단의 집합체가 되어버렸다. '나를 어떻게 판단할까'에 대한 두려움이 내면 깊숙이 뿌리내려 다른 사람보다 앞서 스스로를 검열하기 시작한다. 소설가 데이비드 포스터 월리스(David Foster Wallace)는 "다른 사람이 당신에 대해 생각하는 일이 거의 없다는 걸 알면 '다른 사람이 나를 어떻게 생각할까?' 하는 쓸데없는 걱정은 멈출 수 있을 텐데"라고도 했다.

매우 아이러니하게도, 당신의 가장 큰 적이자 비판자는 다른 누구도 아닌 바로 당신 자신이다.

당신은 다른 사람보다 먼저 자신이 무엇을 하고 있는지를 알고 있고, '다른 사람이 나를 어떻게 생각할까'를 기준으로 다음에 해야 할 행동에 관한 판단을 내린다. 주변을 둘러보라. 당신의 삶에서 당신보다 더 중요한 판단을 내리는 사람은 없다.

대학에 다닐 때 한동안 '친한 친구' 없이 지냈던 적이 있었다. 가까운 친구들과 언쟁이 다소 있었고, 그 후로 내 주위는 조용했다. 같은 과의 다른 애들은 다 즐겁게 지내는 듯했다. 모두가 '좋은 그룹'을 이룬 것처럼 보였지만 나는 혼자였다. 나는 신경 쓰지 않는 척했다. 다른 과 친구들, 선배들과 이야기를 종종 나누면서도 나는 내가 혼자라는 사실을 알고 있었다. 하지만 다른 사람들은 내가 여러 행사들을 준비하는 걸 보면서 즐거워한다고 여겼고, 어떤 후배들은 그런 나를 부럽다고도 했다.

문제가 뭔지 보이는가? 단 한 명도 날 '외로워 보인다'라고 생각하지 않았는데도 나는 '내가 외톨이로 보이면 어쩌지?'라고 걱정했다는 사실이다.

솔직히 그 시간 동안 나는 내 자신이 안쓰러웠다. 친한 친구는 아니어도 지인들과 충분히 즐거운 시간을 보내고 있는데도 다른 사람이 나를 안타까운 시선으로 바라볼지도 모른다는 생각을 하며 나 스스로를 위축시켰다. 하지만 시간이 지나면서 다음과 같은 사실을 깨달았다.

혼자인 것은 한심한 것이 아니다. 나는 우리가 혼자라는 걸 싫어하는 게 아니라는 사실을 깨달았다. 우리는 자신이 버려졌다고 믿는 걸 싫어한다. 그리고 어린 시절 학습했듯 타인에게 버려진 일은 불쌍하게 여겨야 한다고 생각한다.

말도 안 되는 얘기다. 당신 스스로를 왜 불쌍하게 여기는가. 자신이 별나거나 문제가 있다고 자책하는 일도 그만둬라.

당신은 외로움을 느낄 필요도, 스스로에게 미안해할 필요도 없다. 혼자인 것은 삶의 일부이며 진짜 어른이 되는 과정이다. 아무리 친한 친구나 연인이라고 해도 평생을 함께할 수는 없다. 인생은 빠르게 흘러가고 모두가 뒤처지지 않기 위해 쉬지 않고 달려 나간다. 좋은 일이든 나쁜 일이든 사람들은 떠나고 인생은 계속된다. 이게 진실이다. 어떤 사람들은 더 나은 직장을 찾아 떠날 것이다. 반대로 당신이 커리어 성장을 위해 사람들을 떠나야 할 때도 있을 것이다. 아니면 그냥 사람들이 당신에게 지루함을 느껴서 혹은 또 다른 새로운 인연을 찾아 당신을 떠나는 때도 있을 수 있다. 그런 것이 인생이다.

이럴 때 당신이 할 수 있는 게 있을까? 아마도 답은 '아니오'일 것이다. 하지만 한 가지는 분명히 할 수 있다. 바로 스스로를 탓하지 않는 것이다. 자신에게 고쳐야 할 문제가 있다고 생각하지 말자. 스스로 무엇을 바꿀 수 있는지, 어떻게 하면 '완벽한' 척을 할 수 있는지 고민하지 말자.

엔터테인먼트 업계는 '혼자=외롭다'라는 인식을 널러 퍼뜨렸다. 특히 모든 사람이 앞다투어 "나는 친구들 덕분에 이렇게 행복해요"라고 과시하는 것처럼 보이는 SNS 속 세상에서는 더욱 그렇다. 친구들과 여행을 떠나고, 누군가는 '우정의 목표' 같은 것을 제시하는 사진을 올리며 시끌벅적 난리이니 당신만 외로운 사람이라고, 멋진 친구가 없는 유일한 사람, 선택받지 못한 유일한 사람이라고 생각하기가 너무 쉽다.

이것이 바로 사람들이 혼자임을 꺼리는 결정적 이유다. 마치 극복해야 할 저주처럼 말이다. 하지만 진실은 앞에 말한 모든 것이 그저 잘못 그려진 그림에 불과하다는 점이다. 따라서 당신이 잘못 배운 첫 번째 생각, 즉 혼자라는 이유만으로 외롭다고 생각하는 이 잘못된 믿음을 버려야 한다. 조금 진부하게 들릴 수도 있겠지만 혼자인 것과 외로운 것은 별개의 문제다.

 혼자인 것은 삶의 일부다. 하지만 외롭다는 것은 동정심과 비참함의 렌즈로 자신을 바라보는 것을 의미한다. 외로움의 렌즈를 통해 자신을 바라보면 불안해지고 소외감을 느끼게 된다. 자신에게 뭔가 문제가 있다고 생각하기 시작한다. 그러면 자존감이 낮아진다. 나 자신과 함께 보내는 시간을 저주처럼 여기게 되는데, 이것이 바로 외로움이다. 외로움은 혼자인 것과는 아무 상관이 없다. 그저 당신이 스스로를 어떻게 생각하는지 정의할 뿐이다.

 이 책을 쓰는 동안 나는 혼자였다. 매일같이 어울리는 사람이 한 명도 없었다. 내가 한심하거나 외톨이라서가 아니다. 이사를 자주 다녔던 나는 영화나 책에 흔히 등장하는 오랜 절친이 없었다. 그나마 있던 친구들도 결혼했거나 직장 때문에 다른 도시로 떠난 뒤였다. 겉으로 보기에 사람들은 내가 외톨이라고 생각할 수 있다. 멋지게 차려입고 파티에도 가고, 금요일 저녁마다 근사한 데이트를 해야 하는데 그러지 못하니 이불 속에서 넷플릭스나 돌려 보며 자괴감을 달래는 거 아니냐고 말할 수도 있다.

하지만 나는 나에게 집중하기로 했다. '쿨한 여자'가 되려고 노력하기보다는 나라는 존재에 집중할 수 있고, 무엇보다도 이제는 혼자 있는 것이 정말 좋다는 걸 알았으니까.

외로움이라는 렌즈를 창밖으로 던졌더니 내 삶과 주변의 기회를 바라볼 수 있었다. 물론 '나는 혼자 있다'는 사실을 온전히 받아들이기까지는 제법 오랜 시간이 걸렸지만, 일단 인정하고 나니 '좋아, 다음에는 뭘 할까'에 집중할 수 있었다. 매일 진정으로 즐길 수 있는 내 일상을 만들어갈 수 있었다.

나는 사람들 사이에 섞인 떠들썩한 주말을 더 이상 기다리지 않는다. 대신 매일 한 가지씩의 새로움을 더 즐길 수 있길 기대한다. 새로운 경험을 더 많이 하고, 읽고 싶었던 책을 한 권 더 읽고, 이 도시에서 안 가본 곳을 가보고, 항상 나 혼자 해보고 싶었던 모든 것을 할 수 있기를 기대한다.

혼자일 때 내 선택에 대한 다른 사람의 의견은 들을 필요가 없다. 비록 생각의 늪에서 길을 잃더라도 누구의 간섭도 받지 않을 수 있다. 내가 재밌다고 여기는 것과 사회가 재밌다고 여기는 것이 일치하는지 아닌지 아무도 내게 말해주지 않는다. 궁금하지 않으니 말이다.

혼자인 것이 저주처럼 여겨지는 세상에서는 오히려 혼자라는 현실을 나에게 유리하게 활용해야 한다. 세계적인 팝스타 테일러 스위프트(Taylor Swift)는 이렇게 말했다. "무서운 소식은, 이제 네가 혼자라는 거야. 하지만 멋진 소식도 있어. 네가 이제 혼자라는 거지."

혼자인 것이 외로움을 의미한다는 생각은 완전히 잘못되었다. 그건 사실이 아니다. 혼자라고 해서 우리가 외롭다는 뜻은 결코 아니다.

혼자인 것은 당신이 당신 자신과 함께 있다는 뜻이다.

책을 덮고 잠시 시간을 내어 생각해 보기 바란다. 혼자 있는 것이 저주가 아니라는 사실을 인식하고 평온에 이르면 책을 읽어 내려가기 더 수월할 것이다.

나는 이 책을 두 부분으로 나누었다. 1부에서는 외로움(loneliness)을 고독(solitude)의 개념으로 바라볼 수 있도록 돕는다. 그리고 2부는 고독을 성장의 기회로 삼는 방법에 대해 이야기할 것이다. 고독을 사랑하면 사람들이 '당신을 위해 혹은 당신과 함께' 하기를 바랐던 모든 것을 당신 혼자서 할 수 있게 된다. 자, 이제 혼자라서 더 깊어질 수 있는 시간 속으로 들어가보자.

차례

프롤로그 혼자인 것은 외로운 것이 아니다 6

1부
혼자일 때 비로소 진짜 내가 된다

1장 현실은 드라마와는 다르다 — 26

2장 진짜 나를 잃어버린 존재들 — 36

3장 당신다운 당신이 되는 법 — 46

자기애는 자기 수용에서 시작된다 50 자기애는 자기 이해와 함께 자란다 59 나 자신을 찾아가기 위한 작은 팁 80

4장 영원할 수 있는 유일한 관계는 나 자신과의 관계다 — 88

2부
혼자의 시간으로 더 깊어지는 법에 대하여

5장 고요하고 충만하게, 혼자 있는 기술을 연습하기 —— 104

진짜 자신이 되기 위한 집중 113 | 소화, 성찰, 재설정 118 | 아무것도 하지 않는 기술 125 | 자기 자신에게 소속되는 법 134

6장 외로움을 성장의 시기로 바꾸는 법 —— 138

꿈을 친구로 만들어라 142 | 당신의 진짜 꿈은 무엇인가? 146 | 자신만의 정의를 내려라 154

7장 매일 할 수 있는 한 가지를 실행하라 —— 160

자신에게 정직해지는 법을 배워라 165 | 1단계: 한 가지에 집중하는 힘 167 | 2단계: 하나의 큰 행동 176 | 3단계: 나의 방식으로 유연하게 180

8장 혼자 있는 시간에 중독되는 기쁨 —— 188

기쁨의 원천을 만들어라 192 | 새로운 무언가를 배우고 도전하는 일 201 | 두뇌에 지식을 차곡차곡 쌓아라 205

9장 완전하게 홀로 서라 —— 214

감사의 글 226

1부

혼자일 때 비로소 진짜 내가 된다

1장

현실은
드라마와는 다르다

"죽음보다 더 잔인한 것이 있다면

그것은 당신이 마음속에서

거짓 희망을 키우다가

결국에는 그것이

당신의 모든 부분을

부서뜨리는 결과를 보는 일일 것이다."

당신의 인생을 낭만적으로 만들도록 부추기는 유튜브나 책을 본 적이 있는가?

나는 있다. 조금 부끄럽지만 나는 그런 류의 영상들을 보면서 내가 세상의 여왕이 되는 상상의 세계로

(비록 나만의 세계지만) 빠져든 적이 있다. '내 삶을 어떻게 낭만적으로 만들까?' 하는 상상을 하고 나면 말로 설명할 수 없는 어떤 색다른 종류의 아드레날린이 혈관을 타고 흐르는 것 같았다.

'아니, 삶을 낭만적으로 만드는 걸 왜 못마땅하게 말하는 거죠?'라고 누군가는 내게 반박할 수도 있겠다.

인생을 낭만적으로 생각하고 또 그렇게 만들도록 실험하고, 보고, 읽은 끝에 나는 다음과 같은 결론에 이르렀다. 모든 사람은 이미 자신의 삶을 낭만적으로 만들어왔지만 정작 그 본질이 무엇인지 모르는 게 문제라고.

무슨 말인지 잘 모르겠는가? 그럴 수 있다. 나는 당신이 이 개념을 어떻게 받아들여 왔는지, 그리고 이게 왜 당신의 미래에 가장 위험한 일이 될 수 있는지를 지금부터 설명하려고 한다. 그런데 그전에 먼저, 인생을 낭만적으로 만든다는 것이 정확히 무엇을 의미하는지 이해해 볼 필요가 있겠다.

'인생을 낭만적으로 만든다는 것'은 마치 당신의 하루 전부를 영화로 찍는 것처럼, 당신이 인생의 주인공인 것처럼 생각하고 행동하는 것을 의미한다.

한번 생각해 보자. 영화는 대부분 젊은 여자와 남자의 만남으로 시작된다. 그들이 함께하는 동안 여자는 무언가에 상처받고 우울, 스트레스, 불안 등으로 불행한 시기를 겪는다(희한하게도 불쌍한 역할은 남자보다 여자가 많은 것 같다). 그다음은?

남자는 영웅이 되어 이 잔인한 세상에서 여자를 구하고, 여자에게 희망을 주고, 사랑하는 법을 가르쳐

주고, 마침내 그녀와 사랑에 빠진다. 그 후 두 사람은 마치 하늘에서 두 사람의 앞날이 평탄치 않도록 음모라도 꾸민 듯한 고난에 처하고, 힘을 합쳐 세상에 맞서게 된다.

낯익은 플롯이지 않은가? 만약 상실에 빠진 주인공이 남자라면 방금 이야기한 것과 똑같은 역할을 하기 위해 여자가 여신으로 등장한다. 사랑 대신 우정이 등장하기도 한다. 상처받고, 우울하고, 앞길이 막막한 사람이 다른 누군가를 만나 평생 가는 좋은 친구가 되는 식이다.

대부분 영화나 시리즈물, 책 속의 스토리들은 이처럼 한 사람이 상처받고, 다른 한 사람이 나타나 그의 상처를 위로하고 더 나은 인생의 길을 안내해 주는 역할을 하는 식으로 전개된다. 나는 이 같은 구성이 좋은 '드라마'라고 생각한다.

문제는 나 같은 사람들이 어린 시절부터 이런 종류의 인생 속 사건들을 보고 듣고 읽으면서 무의식적으로 '언젠가는 누군가가 나를 도와주고, 구원해 주고, 사랑에 빠지게 되리라'는 환상을 갖게 되었다는 점이다.

대학 생활 내내 나는 미국 드라마 〈프렌즈〉 속 조이와 챈들러 같은 특별한 우정을 기다렸지만 그런 일은 일어나지 않았다. 나에게는 항상 '베스트 프렌드'라고 불리는 절친한 친구가 없었다. 그래서인지 주변에 친구들이 많아도 늘 외로움을 느꼈던 것 같다. 시간을 더 거슬러 올라가 보면 어느 영화에서 본 테디베어를 갖고 싶어 하던 어린 내 모습도 떠오른다. 대체 뭐가 문제인 걸까?

상상은 현실을 만들어낸다. 또 우리를 지금 여기 있게 하는 것도 상상이다. 가만히 앉아서 빈털터리가 되는 것을 상상하고, 그다음엔 천사처럼 착하고 완벽한 사람이 나타나 나를 구해줄 것이라 상상하는 것. 이것이 문제다. 왜냐하면 이런 생각은 당신 스스로가 자신의 삶을 바꾸기에 충분하지 않다고 믿게 만들기 때문이다. 결국 우리는 존재하지도 않는 누군가에게 희망을 건다. 그래서 당신 생각대로 일이 풀리지 않을 때, 무언가를 가졌다가 잃어버린 것처럼 더욱 외로워지기 시작한다.

당신의 마음속에 현실이 될 것만 같은 상상의 친구를 만들어놓았다면, 나는 당신 스스로를 배신하지 말라는 말을 전하고 싶다. 영화에서처럼 당신을 구해주고, 웃게 해주고, 당신과 전 세계를 함께 여행할 사람은 없다. 인생은 영화가 아니다. 당신이 만든 희망에서 벗어나야 한다. 그렇지 않으면 그 희망이 물거품으로 사라지거나 산산조각나는 것을 지켜보는 수밖에 없다.

언젠가는 내 영혼의 일부가 될 '완벽한' 친구를 만날 수 있을 거라고 믿는 일은 희망의 무덤을 만드는 것과 다르지 않다. 완벽한 친구를 만나려고 애쓰며 집중할수록 더 많은 상처를 받게 될 것이다. 무언가를 가질 수 있었는데 갖지 못했다는 생각에 더욱 외로움을 느낄 것이다. 애초에 있지도 않은 사람을 잃은 것처럼 슬퍼하다니 이 얼마나 어리석은 이야기인가.

그렇다고 영영 좋은 사람을 만나지 못하거나 새로운 친구를 사귀지 못할 것이라는 말은 절대 아니다. 대학 졸업 후 나도 좋은 친구들을 만났다. 하지만 한 가지 냉혹한 진실은 나이가 들수록 이른바 소울메이트를 만나는 일이 더 힘들어진다는 것이다. 그저 사람들을 만나고, 필요할 때 돕고, 서로 친절하게 대하면서 좋은 사람들을 당신의 느슨한 관계적 테두리 안에 두는 것이 최선이다. 콘텐츠 크리에이터로서 나는 지금도 많은 사람을 만나지만 모두와 적당한 거리를 유지하며 연락을 주고받는다. 친절함을 잃지 않으면서.

나에게 잘해주는 모든 사람을 미래의 친구로 상상하기 시작하면 사실상 희망의 무덤을 파는 것과 마찬가지다. 내 경험에 비추어 한 가지 더 말하고 싶은 것이 있다. 죽음보다 더 잔인한 것이 있다면, 그것은 당신 마음속에서 거짓 희망을 키우다가 결국에는 그것이 당신의 모든 부분을 부서뜨리는 결과를 보는 일일 것이다.

애초에 누군가를 필요로 하는 캐릭터로 당신을 설정하지 말자. 당신을 당신의 인생이라는 영화 속 능동적인 주인공이라고 상상해 보라. 당신의 인생이라는 영화는 아직 만들어지지 않았고, 당신의 인생이라는 책도 아직 끝나지 않았다. 그러므로 당신에게는 원하는 대로 이야기를 쓰고, 원하는 만큼 대담하고 거칠게 이야기를 펼치고 그 이야기를 가능한 한 멋지게 마무리할 수 있는 무한한 자유가 있다.

무엇보다도 당신에게 주체성을 부여하지 않는 낡은 패턴들은 따르지 않아도 된다. 당신에게는 그럴 자유가 있다. 또한 우리는 우리 자신이라는 캐릭터를 불행한 사람으로 만들지 않을 권리가 있다.

2장

진짜 나를
잃어버린 존재들

"세상에서 가장

고통스럽고 무서운 일은

거울을 보면서도

당신을 똑바로 바라보는 사람이

누구인지 알아보지 못하는 것이다."

언젠가 마법처럼 누군가가 나타날 것이라는 잘못된 희망에 이어 한 가지 문제점을 더 짚어보자. 바로 '남들에게 별난 사람으로 보일까 봐 두려워하는 마음'에 대해서다. 이 두려움은 우리가 절대로 의도치 않았던 일을 하게 만든다.

우리는 어린 시절부터 혼자 있는 아이는 뭔가 별난 애라고 여기도록 학습됐다. 아무도 친해지고 싶어 하지 않는 애라서 혼자 있는 것이라고 말이다. 당연히 '아무도 친해지고 싶어 하지 않는 사람'이 되길 바라지는 않으니 모두가 좋아하는 이상적인 사람처럼 행동하기 시작한다.

싫어하는 것에도 별나 보이지 않기 위해 '예스'라고 말한다. 불편하거나 취향에 맞지 않는 옷도 사람들의 관심을 받기 위해 억지로 입는다. 사람들과 어울리기 위해 유행어를 섞어 쓰거나 웃기는 농담도 던진다. 가끔 민망한 말도 한다. 별난 사람으로 보이지 않으려고 나 자신이 아닌 다른 누군가처럼 보이는 행동을 하는 것이다.

그렇게 우리는 모두가 좋아하거나 적어도 아무도 놀리는 사람이 없는 행복하고 이상적인 인간이 된다. 하지만 다른 사람들과 비슷해지면서 자신의 진정한 모습에서는 차츰차츰 멀어지게 된다. 사람들이 나를 어떻게 생각하는지에 대해 더 많이 신경쓸수록 내가 원하고 좋아하는 것이 뭔지, 내 인생을 어떻게 즐기고 싶은지, 무엇이 진짜 내 모습인지에 대한 관심은 줄어든다.

이렇게 되면 나의 진정한 모습과 사회에 적응하기 위해 만들어진 모습 사이의 간극이 너무 커져서 스스로도 자신을 알아차리기 어려워진다. 자신도 모르게 사람들을 기쁘게 하는 일에만 몰두하게 되는데 이는 외로움의 근원을 낳는다. 우리는 진정한 자아를 잃고 친한 사람이나 무리에 끼기 위해 무난한 성격을 가진 무채색의 사람으로 변해간다.

이게 바로 우리가 나 자신과 함께 보내는 시간을 '외로움'이라고 부르는 이유다. 외로움은 주변에 사람이 없을 때 느끼는 것이 아니다. 내 안에서 나를 찾을 수 없을 때 발생한다. 진정한 자아를 잃어버렸다고 느끼는 순간, 외로움이 나의 내면에 집을 짓는다. 그래서 사람들로 둘러싸여 있지만 외로움을 느끼는 상황이 바로 최악이라고 할 수 있다. 이는 마치 자기 자신을 느낄 수 없으며 마치 자신이 더 이상 존재하지 않는 것과 같다.

이보다 더 아이러니한 건 뭔지 아는가?

남들과 어울리고 싶어서 자신이 아닌 다른 사람인 척 굴다 보면 결국 자기 자신과 함께 있는 시간마저 싫어하게 된다는 것이다. 자기 자신도 받아들이지 않는 사람을 어느 누가 인정할 수 있을까? 혼자서도 시간 보내기를 싫어하는 사람을 다른 사람들은 함께하고 싶어 할까? 그러면 결국 당신은 어떤 존재가 될까? 그렇다. 아무것도 아닌 사람이 되고 만다. 사람들의 인정과 사랑을 얻기 위해 달려가다 보면 결국 자신을 잃어버리게 된다.

솔직히 말하자면, 나는 내 인생의 대부분을 그렇게 '이상적인' 사람이 되기 위해 살아왔다. 집에서 책을 읽고 싶을 때도 누가 나가서 놀자고 하면 "좋아"라고 대답했다. 피곤해서 쉬고 싶을 때나 할 일이 있어서 거절하고 싶을 때에도 계속 이야기를 하고, 웃고, 맞장구를 쳤다. 편한 옷을 입고 헝클어진 머리에 대충 모자를 쓰고 나가고 싶었지만 제대로 차려입어야만 했다. 전부 다른 사람들이 원하는 모습이 되기 위해서였다.

하지만 그때 내가 깨닫지 못한 것이 있다. '다른 사람들에게는 받아들여질 만한 사람이 되었을지 몰라도 나 자신에게는 어떨까' 하는 점이었다.

나는 나에 대해 어떻게 생각할까? 나에 대한 나의 감정은 무엇인가? 나는 무엇을 좋아하고 무엇을 싫어하는가? 나의 두려움은 무엇인가? 살아가면서 하고 싶었지만 내면의 목소리를 침묵시키는 데 전문가가 되어버려 포기한 일이 있다면?

나는 이것이 나 혼자만의 문제가 아니라는 것을 안다. 우리는 모두 똑같다. 어린 시절부터 우리는 서로 경쟁해 왔다. 누구의 아이가 더 귀엽고, 더 똑똑하고, 더 착한가? 부모님이 자랑스러워할 수 있도록 얌전히 굴고, 좋은 학교에 진학하기 위해 공부를 했다. 대학에 입학한 뒤에도 멋지고 재미있는 사람으로 보이려고 노력해 왔다. 이른바 주류에 끼기 위해 아등바등한 것이다.

너무 오랫동안 이렇게 살아왔기 때문에 우리의 진짜 자아는 변화하는 성격의 속도를 따라잡지 못했다. 우리의 진짜 자아는 여러 겹의 예의와 격식 아래 은밀히 숨어 있다. 우리는 영혼이 원하는 새로운 것을 시도하는 대신 멋있어 보이는 것을 한다. 내가 그에 관해선 프로였다. 나는 늘 시간이 부족하다고 생각했다. 그러나 친구들이 내게 전화해서 고민을 털어놓는다면 그것을 들어줄 시간은 있었다. 새로운 악기를 배우고, 좋아하는 작가의 책을 읽을 시간은 없었으면서.

그러나 우리가 깨닫지 못하는 것이 있다. 누군가 우리를 무시하면 그 사람과 더 이상 대화하지 않는 것처럼 우리의 영혼도 우리가 자신을 무시할 때 그것을 눈치 채고 소통을 중단한다는 사실이다. 그리고 함께 어울릴 사람 없이 혼자 있을 때, 문득 우리는 자신과 시간을 보내는 것이 고통스럽다고 느낀다. 왜 그럴까?

자신을 숨기고 있는 막이 너무 두껍기 때문이다. 그 껍질을 벗어던져 보려고 해도 '진짜 나'를 마주하는 건 쉽지 않다. 그러나 사실 세상에서 가장 고통스럽고 무서운 일은 당신이 거울을 보면서도 당신을 똑바로 바라보는 사람이 누구인지 알아보지 못하는 것이다.

이것이 내가 다음과 같이 말하는 이유다.

"다른 누군가를 그리워하는 것보다 자기 자신이 더 그리운 날들이 있다."

나는 심리학 전문가도 아니고 인간의 뇌 속에서 무슨 일이 벌어지는지 연구하는 뇌과학자도 아니다. 하지만 나는 인간이다. 그래서 사람들의 마음속에서 무슨 일이 일어나는지 안다. 우리는 주변 사람들을 기쁘게 해주고 그들에게 더 인정받기 위해 똑같은 사이클을 반복한다. 우리는 그럴 시간이 없다는 이유로 자신의 감정을 무시한다. 우리는 스스로에게 진정한 기쁨을 주는 일을 하지 않는다. 날이 갈수록 이 현상은 심해진다. 진정한 자아는 점점 멀어지고 당신 자신의 이미지는 불분명해진다. 자신의 내면을 들여다보는 것도 고통스러워진다.

나는 이미 이런 실수를 저질렀지만 당신은 그러지 않기를 바란다. 그래서 다음 장에서는 혼자만의 시간을 외로운 시간이 아니라 '홀로 서는' 시간으로 바꿔 더욱 당신답게 살아가는 방법에 대해 얘기해 보려고 한다.

3장

당신다운
당신이 되는 법

"세상에서 가장 위대한 일은
자기 자신에게 속하는 법을 아는 것이다."
_ 미셸 드 몽테뉴(Michel de Montaigne), 프랑스의 철학자

"당신의 내면에는
세계 7대 불가사의보다 더 많은
경이로움이 있다."

    남들과 잘 어울리고 싶고, 유명하고 멋진 사람처럼 보이고 싶고, 사랑스러운 사람으로 인정받고 싶은 욕구는 우리 모두에게 내재해 있다. 하지만 진짜 나를 숨긴 채 얼마나 오래 견딜 수 있다고 생각하는가?

언제까지 자신의 진짜 정체성을 억누를 수 있다고 생각하는가? 만나는 사람이 바뀔 때마다 과연 우리는 매번 다른 사람이 될 수 있을까?

동료에게, 상사에게, 친구에게 그리고 사랑하는 사람에게 비치는 당신의 모습은 모두 다를 수 있다. 그리고 그렇게 가면을 바꿔 쓰면서 당신은 진짜 당신을 잃어버렸다. 당신의 진짜 본질, 진짜 자아를 잃고 만 것이다. 마치 자신이 게임 속 주인공이라도 된 양 만나는 사람마다 다른 성격의 캐릭터를 선택했다고 상상해 보라. 새로운 사람마다 새로운 캐릭터. 아마도 이것이 당신의 진짜 인격이 추락한 이유일지도 모른다.

나도 마찬가지다. 남들에게 좋은 사람으로 인정받기 위해, 사랑스럽게 보이도록 바꾸기 위해 열심히 노력했다. 남들이 원하는 사람으로 나 자신을 내보이기 위해 내가 진정 누구인지, 어떤 생각을 하고 있는지는 제대로 돌아보지 않았다. 나의 내면은 집 안 깊숙한 곳에 쑤셔 넣고는 남들이 기대하는 모습으로 살아온 것이다. 대체 왜 우리는 진정한 정체성까지 잃어가며 다른 사람의 관심을 끌기 위해 열심히 노력하는 걸까?

우리는 자신을 완전히 잃어버린 후에야 '자존감'을 고민하고, '자기애'라는 조언에 매달린다. 이런 것을 보면 때때로 나는 우리가 스스로를 농락하고 있다고 느낀다.

누군가와 사랑에 빠지는 것은 그 사람을 알아가는 과정에서 이루어진다. 그렇다면 나를 알아가는 것도 마찬가지 아닐까? 그러니 당신이 진짜 당신과 사랑에 빠지고 싶다면 당신에 대해 제대로 알아야 한다.

자기애는 자기 수용에서 시작된다

나는 1년 동안 SNS를 면밀히 관찰하면서 사람들이 '자존감'과 '자기애'란 단어를 얼마나 많이 사용하는지 조사했다. 그들은 자신만의 개념과 정의로 자기애를 설명하고 있었다. 그러다 보니 언젠가부터는 자기애라는 말만 봐도 지겨워졌다.

어느 순간 자기애는 '자기 연민'과 비슷해진 것 같다. 대기업과 영리한 마케터들은 자기애라는 말을 이용해 귀여운 샴푸 병, 값비싼 향수 등을 판매하기 시작했다. 나는 자기애가 어찌해서 머리부터 발끝까지 자신을 꾸미는 것으로 변질되었는지 도통 이해할 수가 없다.

나는 자기애의 진정한 의미를 가능한 한 명확하

게 공유하고 싶다. 다음 두 가지에 관한 것이다.

1. 자신을 아는 것
··

당신이 무엇을 원하는지, 어떻게 생각하는지, 당신의 본성은 어떠한지, 모든 예의와 격식 뒤에 숨겨진 진실한 욕망은 무엇인지, 당신의 성격은 어떤지 등에 대한 것이다(뒤에서 자세히 이야기할 것이다).

2. 자신을 받아들이는 것
··

당신 안에 있는 모든 것을 인정하고 그것이 좋든 나쁘든 받아들이는 것이다. 사람들 대부분은 자신의 어두운 면을 들키고 싶지 않아 내면 깊은 곳에 숨긴다. 하지만 숨기려 할수록 마음속은 점점 더 그늘진다는 사실을 깨닫지 못한다. 그 어둠은 더 이상 햇빛이 보이지 않을 때까지 당신을 조금씩 삼켜버린다.

사회는 우리가 항상 사랑스럽고, 배려심 많고, 명랑해야 한다고 믿게 했다. 영화나 웹 시리즈에서 흔히 볼 수 있는 모습이다. 좋은 사람들은 항상 모든 사람에게 친절하다. 그리고 우리는 모두 무의식적으로 '좋은 인간과 나쁜 인간이 있으며, 좋은 인간 범주에 속하게 되면 우리도 사랑받고 인정받고 받아들여질 것이다'라는 욕망을 마음에 새긴다.

그래서 좋은 사람이 되려고 필사적으로 노력한다. 심지어는 누군가가 우리에게 나쁘게 굴어도 참고 웃어주는 게 좋은 사람이 하는 행동이라고 믿는다. 하지만 그 시련 같은 믿음이 우리를 지치게 한다.

항상 좋은 사람이 될 수는 없다. 스스로 상처를 떠안으면서 어떻게 다른 사람을 사랑할 수 있을까? 자기 자신을 도와야 할 상황에 어떻게 남에게 친절할 수 있을까? 언제나 좋은 사람이 되려는 기준에 맞추려고 하다 보면 당신 안의 자신이 죽어버릴 때까지 노력하게 된다. 그러다 어느 순간 '아, 나한테 치유가 필요하구나'라는 사실을 뒤늦게 깨닫는 것이다. 이건 정말 비극이다.

한번 생각해 보자. 착하고 좋은 사람이 되고 싶은 우리가 왜 영화나 소설 속 악당 캐릭터에 더 공감할 때가 많은 걸까?

왜냐하면 악당은 다음과 같이 말하기 때문이다. "인류는 모든 종류의 감정을 느끼도록 설계되었다. 따라서 우리는 때때로 의도하지 않게 나쁜 사람이 될 수도 있다. 우리는 아이폰에서 쓸 수 없는 안드로이드 기능이나 갤럭시에서 쓸 수 없는 iOS 기능 같은 게 아니다. 당신은 인간이다. 제발, 자신을 인간처럼 대해라."

악당은 우리의 어두운 면이 우리를 정의할 수는 없지만 여전히 우리 일부라고 말한다. 사회는 착한 소녀나 착한 소년 범주에 속하지 않는 사람을 그다지 환영하지 않기 때문에 우리는 진정으로 느끼고, 생각하고, 사랑하는 내면의 모든 것을 억누르려고 노력하게 된 것이다. 정확히 언제부터 우리가 내면의 목소리를 침묵시키기 시작했는지는 모르겠지만, 우리는 내면 세계가 아니라 외부 세상에서 인정받는 자기애를 위해 애쓰며 살아왔다.

나도 예전에는 내가 좋은 사람이라고 생각했다. 나는 친절, 사랑, 연민 그리고 사람들에게 따뜻함을 주는 것들의 가치를 믿는다. 그리고 사람들이 친절과 사랑을 믿는 이유를 몸소 보여주고 싶다. 하지만 동시에 나는 내가 신이 아니며 실수도 한다는 것을 안다. 나는 가끔 사람들에게 상처를 주는 행동을 한다. 하지만 잘못하거나, 사람들을 떠나게 하거나, 하고 싶은 말이 무엇이든 마음대로 말한 것 때문에 자신을 미워한다면 결코 나 자신을 사랑하게 될 수는 없을 것이다.

그러니 여기서 이 게임을 끝내는 게 어떨까? 당신에게 어두운 면이 존재하지 않는 척 구는 일은 그만두는 게 좋겠다.

당신이 좀 더 공감할 수 있도록 내 삶으로 예를 들어보겠다. 앞서 말했듯 나는 누군가를 울게 만드는 사람이 아닌 '좋은 사람'이고 싶었다. 하지만 2년여 동안 꾸준히 나 스스로를 성찰해 보니 이제 내 행동을 어느 정도 분석할 수 있게 되었다. 그리고 그 분석은 내가 때때로 이기적일 수 있음을 말해주었다. 그렇다. 나는 착한 사람도 신도 아니다. 나는 친구보다 나를 선택했다. 그것도 꽤 여러 번.

하지만 자기애의 진정한 의미를 알아가는 여정을 통해 '나 자신을 이기적인 사람으로 받아들여도 괜찮다'는 사실을 깨달았다.

이것이 나에 대한 진실 중 하나다. 좋은 사람은 이기적이어서는 안 된다는 걸 알지만 난 이기적이다. 그런 나 자신을 미워하는 대신 이기적인 마음을 내 삶에 유용하게 쓰기로 마음 먹었다. 그 어떤 것보다 나 자신과 내 행복, 내 커리어를 존중하는 방법을 배우는 것이다.

나에 대한 이 진실은 내가 대인관계에서 어떻게 행동해야 하는지 깨닫게 해주었다. 자신에 대해 잘 모르면 타인과의 관계에서 늘 같은 실수를 저지르게 되고, 사람들이 나를 떠날 때마다 '왜 아무도 나와 함께하고 싶어 하지 않을까?'라는 질문에 함몰된다. '나에게 사람들을 밀어내게 만드는 치명적인 문제가 있는 걸까?' 같은 생각도 할 것이다.

자기애는 거품 목욕을 하거나 비싼 화장품으로 치장하는 자기 관리가 아니다. 자기애는 자신의 진실이 아무리 보잘것없고 어둡고 비좁더라도 자신에 대한 모든 것을 알고, 그것을 있는 그대로 받아들이는 것이다. 자신의 결점을 아무도 보지 못하도록 꽁꽁 숨기지 않고, 오히려 결점을 강점으로 바꾸는 방법을 아는 것이다.

또한 자기애는 스스로를 연구하고, 자신의 행동을 살펴보고, 때때로 못된 생각일지라도 자신이 무엇을 원하는지 아는 것이다. 자기애는 자신의 완벽하지 못한 성격에 대해 걱정하는 것도, 스스로를 바꾸거나 어떻게 치료해야 하는지를 고민하는 것도 아니라 그저 당신이 당신 자신으로 존재할 수 있는 내면 깊은 곳에 당신만의 집을 짓는 일이다.

당신에게는 어두운 면이 있을 수 있다. 그러나 화려한 가면 아래 굳이 숨기지 않아도 당신은 그 자체로 충분히 아름답다.

사실 '우리 모두에게는 어두운 면이 있다'고 표현하는 것은 정확하지 않다. 그것은 어두운 일면이 아니라 우리 자신이다. 그게 바로 인간이 설계된 방식이자 우리 각자를 독특하고 다르게 만드는 이유다.

물론 일부러 남들에게 나쁘게 굴 필요는 없다. 모두가 잘 차려입는 지금의 우리 사회에서 당신이 받아들여지지 않는 몇 가지 특성을 가졌다는 이유로 자신을 혐오하지만 않으면 된다. 충분히 배울 수 있다. 당신 자체의 모습을 자랑스럽게 여기고 자신의 모든 것을 받아들이는 방법을 말이다.

나를 사랑하기 위해 자신이 고급스럽고 유리알처

럼 투명할 필요는 없다는 것을 알았으니, 이제 자신을 알아가기가 훨씬 쉬워질 것 같다. 그럼 본격적으로 당신을 만나는 여정을 시작해 보자.

자기애는 자기 이해와 함께 자란다

자신을 알아가는 데 도움이 되는 몇 가지 팁이나 원리, 또는 쉽게 따라 할 수 있는 유튜브 영상을 알려주고 싶지만, 안타깝게도 자신을 알아간다는 것은 수학 문제처럼 정답을 맞혔다며 책을 덮을 수 있는 성질의 것이 아니다.

당신은 인간이다. 그렇다, 당신이 이 사실을 모를 리 없지만 강조해야 할 것 같다. 길게 설명할 필요도 없다. 인간은 빠르게 변화한다. 다시 말해 인간은 진화한다. 선호도가 바뀌고 업무 스타일이 바뀌고 우선순위가 달라진다. 어제 효과가 있었던 것이 내일은 효과가 없을 수도 있다. 3개월 전에는 좋아했던 것이지만 지금은 좋아하지 않을 수 있다. 6개월 전에는 꼭 들어맞았던 시간 활용법이 지금은 소용없을 수도 있다.

따라서 확실한 것은, 나는 당신에게 단지 멋지게 들리고 잠깐의 영감만 주는 막연한 조언을 할 수는 없다는 점이다. 그런 조언은 결국 당신에게 죄책감만 느끼게 할 뿐이다. 물론 당신이 이 책을 펼쳐 든 만큼 내가 당신에게 효과적인 무언가를 알려줘야 한다는 것을 알고 있다. 하지만 당신은 끊임없이 개선되어야 하는 프로젝트가 아니다. 자신을 알아가는 일은 하루만에 끝낼 수 있는 일도 아니고 3주짜리 프로젝트도 아니다. 아마 평생에 걸친 여정이 될 것이다.

우리는 산만한 세계에 살고 있다. 남들이 다 갖고 있고, 다 즐기고 있는 것 같다는 이유만으로 원하지도 않던 것을 원하게 되는 데는 1초도 걸리지 않는다. 항상 소음에 둘러싸여 있는 세상에서는 내면 깊은 곳의 목소리에 집중하기가 어렵다. 강조컨대, 자신을 아는 것 다음으로 자신을 잃어버리지 않는 것 또한 평생에 걸친 숙제가 될 것이다.

지금부터 내게 도움이 되었던 몇 가지 방법을 이야기해 보려고 한다. 이것들은 지금까지 내가 매일 실천해 온 습관인데, 이제 당신도 실행에 옮길 준비를 해보면 좋겠다.

당신의 마음과 정면으로 마주하기
..

혼자 있을 때 당신은 하나의 마음, 즉 당신 자신의 마음과 대면하게 된다. 어떤 사람들은 이를 평화롭게 여기지만, 또 다른 사람들은 처벌로 여긴다.

    혼자 있는 시간 동안 당신의 마음은 인생에서 잘못됐거나 혹은 잘못될 수 있는 모든 일로 당신을 끌어당긴다. 당신의 마음은 불필요한 걱정을 만들기 위해 꾀를 부리기도 한다.

    코로나19가 세계를 강타하고 모두 집에 갇혀 있을 때, 나는 내 마음속에서 많은 탐구를 했다. 처음에는 벌을 받는 것 같았다. 왜냐하면 내 마음이 1분마다 생겨나는 수천 가지 생각을 들을 준비가 되어 있지 않았기 때문이다. 그 순간 나는 내 마음이 절대로 잠들지 않고 항상 나에게 걱정거리를 제공한다는 것을 깨달았다. 그래서 사람들이 많은 곳으로 나를 밀어 넣어 내 마음의 목소리를 듣지 않으려고 애썼다.

    어쩌면 많은 사람이 '별로 좋지 않은 관계'를 굳

이 이어가는 이유가 이것일지도 모른다. 사람들은 자기 마음이 자신에게 무엇을 행할지, 무엇을 믿게 할지 몰라 불안해한다. 또한 자신의 마음이 자신에게 무엇을 하게끔 밀어붙일까 봐 두려워한다.

나는 혼자 있으면서 그 마음의 소리가 듣기 싫어 별로 내키지 않는 친구한테 전화를 걸었고 만나자 했다. 미국의 심리학자 롤로 메이(Rollo May)가 말한 대로다. "많은 사람은 혼자 있는 것을 두려워해서 결국 나쁜 관계로 향한다."

나는 이 문제를 더 깊이 파고들었고, 나 스스로에게 주문을 걸었다. '내가 조금만 더 유념하면 나와 함께하는 것이 그렇게 잔인하고 힘들지 않을 것'이라고. 나는 내 자신을 더 잘 이해하기 위해 내 마음과 더 자주 만나기 시작했다. 내 마음속에서 뭐가 생겨나는지, 내가 어떻게 생각하고 어떻게 반응하는지, 무엇이 나를 자극하는지를 끊임없이 떠올렸다. 한때는 밝히기 두려워했던 모든 것을 알기 위해서였다.

마음과의 이 정기적인 '만남'을 통해 내가 깨달은 것이 있다면, 마음은 어리석지도 않고 내가 물리쳐야 할 적도 아니라는 사실이다. 다만 내면에는 너무 많은 것이 묻혀 있고, 대부분이 인정하고 싶지 않은 부정적 감정이기에 사람들은 그것들과 만나기를 두려워할 뿐이다.

이때 우리가 반드시 알아야 할 게 있다. 당신의 마음을 위협하는 그 모든 것과 직면한다 해도 그것들 중 당신을 해칠 수 있는 것은 아무것도 없다는 사실이다. 그러니 마음을 침묵시킬 방법을 찾는 대신 마음이 보여주는 모든 것을 직접 마주하라.

나에 대해 인정하고 싶지 않은 것들(특정 상황마

다 튀어나오는 못난 행동 패턴)이 있었지만, 그것들을 마주해야 한다는 사실을 인정하고 나니 이제 내 마음은 두렵지가 않다. 오히려 그것들을 발판 삼아 나 자신을 발전시키기 위해 노력하고 있다.

혼자 있는 시간을 활용해 자신을 알아가자. 혼자 있을 때는 오직 하나의 마음, 하나의 선택, 하나의 행동, 하나의 사고 패턴만을 마주한다. 그래서 자신이 무엇을 좋아하고 무엇을 싫어하는지, 어떻게 생각하고 판단하며 어떻게 반응하는지 알기가 더 쉬워진다.

사람들 대부분이 자기 자신과 마주 앉거나 자기 생각을 읽는 것을 어려워하는 이유는 다음과 같다. 미처 알아차리지 못한 부분이 너무 많기 때문이다. 거기다 수년간 모른 채로 놓아두었기에 처리해야 할 일들이 방대하게 쌓여 있다. 그래서 가만히 앉아 생각하다 보면 조금 무섭게 느껴질 수도 있다.

곧이어 마음이 당신을 공격하기 시작한다. 몇 년 전에 했던 나쁜 행동, 후회와 실수가 당신 마음속에 임대료도 내지 않고 살고 있다가 마침내 당신이 행복해지기로 결심한 그날에 걱정거리를 딱 제공할 수도 있다. 당신이 원하지 않는데도 자꾸만 나쁜 생각들이 반복해서 떠오를 수도 있다.

대부분 이 모든 것을 직면할 용기를 짜내지 못하기 때문에 멍하니 넷플릭스를 보거나 좋아하지도 않는 사람과 데이트하는 등 단기적인 즐거움을 통해 그 생각들을 잠재우는 게 더 현명한 방법이라고 생각하는 것 같다. '자신을 알려고 하지 않는다'는 이 단순한 사실. 이게 바로 다른 사람들과 만나도 그들에게서 안정과 평화를 얻지 못하는 이유다. 그들은 당신의 주의를 분산시키고 내면을 마주하지 못하도록 만든다. 이것이 정말 당신이 원하는 일인가?

한 가지 약속하자면, 일단 당신이 모든 것을 직면하고, 숨겨두었던 모든 껍질을 벗겨내고, 마음을 위협하던 모든 것을 인정하면 두려움 없이 숨 쉴 수 있는 자유로움을 느끼게 될 것이다. 그것이 바로 평화의 시작이다.

이제 당신 안에 묻혀 있는 것을 발견하는 데 필요한 시간을 당신 스스로에게 줘라. 오랫동안 무시해 왔던 모든 것들, 받아들이기 두려운 모든 생각들, 했거나 하지 않아서 후회하는 모든 결정과 마주하고 자신을 자유롭게 해주어라.

쉽지는 않겠지만 그럴 만한 가치가 충분히 있는 일이다. 물론 시간은 좀 걸릴 것이다. 하지만 한 가지라도 할 수 있다면 꼭 도전해 보라고 얘기하고 싶다. 매일 최소 10~15분만이라도 자신의 영혼과 함께하는 시간을 가져보는 것이다. 나를 알 수 있는 시간, 가식이 필요 없는 시간, 어떤 판단이나 두려움 없이 자신을 온전히 받아들일 수 있는 시간 말이다.

세상의 꼬리표 너머에 있는 자신을 찾기
..

고등학교 때 만난 선생님 중 한 분이 이런 말을 한 적이 있다. "너희는 다 세상의 왕이나 여왕인 양 똑똑하게 행동하는 것 같아. 하지만 실제로 내가 너희에게 너희들 나이만큼, 그러니까 18분 동안 자기 자신에 대해 말해보라고 하면, 1분 이상 말을 이어갈 수 있는 사람이 있을까? 여기서 '자기 자신에 대한 말'은 너희가 지금까지 들어왔거나 쌓아온 세상의 꼬리표가 아니라 진짜 너희 자신을 의미하는 거야."

당시에 나는 선생님의 말이 뭘 의미하는지 이해하지 못했다. 그저 우리에게 꼬투리를 잡으려고 한다고만 생각했다. 그런데 영성과 심리에 관한 책을 수 없이 읽고 탐구하며 내 영혼에 주의를 기울인 지금의 나는, 진짜 내 모습이란 이 세상이 우리에게 붙여준 타이틀 너머에 있다는 것을 깨닫게 되었다.

그러나 안타깝게도 우리는 세상이 던져준 꼬리표의 집합체가 되어버렸다. 좋은 사람 또는 나쁜 사람이라는 꼬리표. 혹은 슬프거나 행복해 보인다는 시각들, 가난하거나 부자거나 사랑스럽거나 꼴 보기 싫거나. 또 실패한 사람 또는 성공한 사람, 작가나 변호사, 아름답거나 추한 외모, 똑똑하거나 멍청하거나 혹은 도움이 되거나 민폐를 끼치는 사람이라는 등의 수많은 꼬리표. 그리고 이 대단한 꼬리표 목록은 당신이 죽는 날까지 끝나지 않을 것이다.

죽음 이야기를 하니 탄생이 생각난다. 당신과 내가 처음 태어났을 때 우리는 세상의 모든 꼬리표에서 자유로웠다. 우리에겐 좋은 것도 나쁜 것도 없었다.

우리는 그저 그 순간 그곳에 있었을 뿐이다. 아마도 이것이 사람들이 아기를 그토록 사랑하는 이유일 것이다.

아기와 함께 있을 때를 생각해 보자. 아기는 사람을 특정 꼬리표에 따라 판단하지 않는다. 아기는 '키 크고 젊은 백인 여성이 나를 안고 있었으면 좋겠어'라고 요구하지 않는다. 아기는 '멍청한 사람과 함께 있고 싶지 않아. 그러면 나도 저렇게 될 거야'라고 말하지 않는다. 아기는 과거의 실수, 미래의 가치, 피부색, 종교, 사회적 지위 등으로 사람을 판단하지 않는다. 아기는 그저 호기심 가득한 눈으로 상대를 바라보는 귀여운 생명체일 뿐이다. 사람들은 아기가 웃을 수 있도록 재미있는 표정을 짓는다. 그러다 아기가 웃으면 마치 노벨상을 받은 것처럼 행복해진다.

왜 그럴까? 행복은 아기 곁에 있을 때 왜 그렇게

얻기 쉬울까? 아기를 안고 있으면 왜 우리는 순수해질까? 무엇보다도 중요한 건 우리 역시 아기를 판단하지 않는다는 점이다. 이 아기가 조금 더 귀엽거나 부유한 가정에서 태어났더라면 조금 더 매력적이었을 거라고 결코 생각하지 않는다. 우리 눈앞에 있는 아기를 다른 아기와 비교하지 않는 이유는 무엇인가?

아기는 당신의 코 모양이나 피부색과 상관없이, 은행 잔고가 제로라는 사실과도 관계없이, 진짜 당신 자신이 될 수 있게 해주기 때문이다. 아기를 안고 있을 때 당신은 진정한 당신이 될 수 있고, 아기도 당신으로부터 어떤 삶의 조언이나 판단을 받지 않고도 그저 온전한 인간이 될 수 있다.

우리 모두 한때 아기였다는 사실을 기억하자. 누군가 우리를 품에 안을 때마다 미소를 지으며 사랑을 전하던 시절이 있었다. 한때 우리는 모두 완전하고 아름다웠다. 그리고 아기였던 우리도 다른 사람에게 어떤 꼬리표도 달지 않고 그들이 완전하고 아름답다고 느끼게 해주곤 했다.

어떤 개념, 사건, 시스템이 우리 자신과 타인에게 의문을 품게 했는지 정확히 말할 수는 없지만, 어찌되었든 우리는 이유 없이 행복할 수 있는 능력, 아름다움을 느낄 수 있는 능력, 자신이나 타인을 판단하지 않을 수 있는 능력을 잃어버렸다.

이 모든 것은 세상이 주는 꼬리표가 우리에게 쌓이기 시작하면서 비롯됐을지도 모른다. 더 많은 꼬리표를 모아 붙일수록 우리는 더 빠르게 진정한 자신을 잃어버리기 시작한다. 사회는 당신을 상자에 넣는 것을 좋아하는데, 그렇게 하는 것이 당신을 상대로 더 쉽게 물건을 팔 수 있기 때문이다. '당신이 흑인이면 이 미백 크림을 사세요'라고 하면서 말이다.

그러면서 자신과 다른 사람을 그 꼬리표대로 취급하기 시작하는 것은 더욱 슬픈 일이다. 그러니 모든 사람을 가두려고 하는 이 어리석은 체제에서는 어서 벗어나야 한다. 이런 상황에서는 아무도 행복하지 않다. 우리가 이 틀을 깨기 위해 할 수 있는 일은 다음과 같다.

자신과 타인을 자유롭게 하라

내가 열 살 무렵이었던가. 친척 어르신이 돌아가셔서 모두 한자리에 모였는데, 누군가가 나에 대해 이야기하던 게 기억난다. 내가 우리 집안의 다른 여자애들만큼 예쁘게 생기지 않았다는 말이었다. 이 얼마나 우스운 일인가? 상을 당해 모였는데 누군가를 평가하느라 바쁘다니. 당시 내가 어떤 기분이었을지 충분히 짐작할 수 있을 것이다.

나는 열일곱 살 때까지 내가 예쁘지 않다고 생각했다. 그리고 그렇게 평가받는다는 게 어떤 기분인지 너무 잘 알았다. '나는 못생겼다'라는 꼬리표가 마음에 찍힌 탓에 내 자신감은 열일곱 살 때까지 산산조각 난 채 바닥에 처박혀 있었다.

이건 모두에게 일어나는 일이다. 누구나 세상으로부터 다양한 종류의 꼬리표를 받고 그 꼬리표에 따라 자신을 정의하기 시작한다. 그리고 그 꼬리표는 그 짐을 견딜 수 없을 때까지 마음에 새겨지기도 한다. 그래서 나는 세상이 던져준 모든 꼬리표, 우리 영혼에 붙인 꼬리표를 내려놓기를, 또한 우리가 다른 사람들에게 부여한 꼬리표로부터도 자유로워지기를 소망한다. 그러기 위해서는 반드시 지켜야 할 원칙이 있다.

사람을 정의하지 말자. 사람들을 상자에 넣지 말

자. 그들에게 꼬리표를 붙이지 말자. 내가 붙인 꼬리표 하나가 다른 사람에게 고통이 될 수 있음을 기억하자. 만일 누군가가 나에게 좋든 나쁘든 꼬리표를 붙이려 한다면 즉시 마음속으로 되뇌자. '아, 또 내게 새로운 꼬리표를 붙이는군. 하지만 난 원하지 않아.'

특정한 꼬리표로 자신을 정의하기 시작하면 모든 초점이 그 한 가지에 맞춰진다. 그리고 그 한 가지가 잘못되면 우리는 스스로를 실패한 사람으로 여긴다.

예를 들어 나에게 작가라는 꼬리표를 붙인다면, 나는 내 책의 판매 부수가 어느 정도인지, 얼마나 많은 사람이 내 책을 좋아했는지와 같은 기준으로 나 자신을 판단하게 된다. 그런데 생각해 보자. 누군가 내 작품을 좋아하지 않는다고 해서 내가 나쁜 작가인 걸까?

개인적인 관계에서도 비슷한 일이 일어난다. 한 사람이나 특정 관계에 애착을 갖게 되면 그 사람 혹은 그 관계가 우리의 존재를 정의하기 시작한다. 곧 우리의 삶은 그들에 의해 통제될 수도 있다. 그리고 언젠가 그 관계가 끝날 때, 우리의 마음은 산산조각 날 수 있다. 그런 관계는 연인일 수도 있고 부모님이 될 수도 있다.

만약 어머니가 당신의 노력을 인정하지 않는다면 당신은 나쁜 딸(혹은 아들)이 될까? 당신은 그저 꼬리표와 라벨의 모음인 존재일 뿐인가? 그렇다면 우리는 다정한 딸, 사랑하는 연인, 좋은 형, 든든한 친구, 성공한 작가 등 사회에서 인정받는 좋은 꼬리표를 모으는 데에 평생을 보내야 할까? 내가 실패하면 어쩌지? 내가 바빠서 친구들에게 상처 주면 어쩌지? 그러면 내가 나쁜 사람이 될까? 내 책이 잘 안 팔리면? 그럼 글 쓰는 걸 그만둬야 할까?

나는 우리가 세상의 타이틀을 넘어선 존재라고 믿는다. 특정 단어가 우리의 핵심적인 존재를 정의할 수는 없다. 하나의 꼬리표로는 당신이나 나를 설명할 수 없다는 뜻이다. 당신과 나는 우리가 소유한 모든 것, 우리가 여행한 모든 장소, 우리가 만난 모든 사람, 우리가 읽은 모든 글의 한 조각이다. 이 모든 것이 우리의 영혼에 흔적을 남기며 현재의 모습으로 우리의 개성을 그려낸다. 우리가 즐겨 듣는 노래, 사랑하는 사람, 모험적인 경험, 읽었던 책과 자주 찾았던 공간, 좋아하는 음식과 사소한 습관들. 이와 같은 작은 것들이 모여 우리의 지각과 성격을 형성한다.

하나의 꼬리표에 매몰되면 우리는 특정 방식으로 행동하고 말하고 생각하기를 기대하면서 스스로를 새장 안에 가두게 된다. 어쩌면 그래서 당신과 나에게 자신만의 고유성이 남아 있지 않은 건지도 모른다. 다른 사람들과 같은 길을 걷고 있는 셈이다.

나는 우리의 개성이나 존재 전체가 한 사람, 한 가지의 사실, 혹은 한 가지 꼬리표를 중심으로 돌아가서는 안 된다고 생각한다. 우리는 정의할 수 없는 존재여야 한다. 이는 아무도 우리를 새장에 가둘 수 없는 것과 같다. 누군가 우리를 정의하려고 해도 우리의 성격에 관해 이야기하는 데에만 몇 시간이 걸리는 것과도 같다. 사람들이 나더러 '레누카는 글쓰기 능력이 뛰어난 훌륭한 작가'라고 말하기를 원하지 않는 것도 같은 맥락이다.

나는 사람들이 나를 다음과 같이 이야기해 주면 좋겠다. "레누카는 독자들이 안전하고, 사랑받고, 이해받는다고 느끼도록 글을 쓴다. 그녀는 인간의 마음 너머에 존재하는 세계에 살고 있다. 자연을 사랑하고 우주의 숨겨진 비밀을 찾기 위해 종종 맑은 하늘을 바라보곤 한다. 그녀는 커피를 좋아하고 커피 한 방울을 마치 천국의 일부인 것처럼 여기며 마신다."

사람들이 나의 이런 것들을 알아차리지 못한다는 걸 나는 이해한다. 그러나 당신은 스스로에 대해 알아차릴 수 있다. 당신은 더 제대로 살 수 있다. 말로는 다 형언할 수 없는 무한한 존재로 살아갈 수 있다. 이는 당신이 하는 일에 대해 잠시 멈춰서 이야기할 때 '무엇을 먼저 이야기해야 할까'를 고민해야 하는 것과도 연결된다.

그래서 앞서 자신에 대해 배우는 것은 평생의 과정이라고 내가 말한 것이다. 우리는 매일 조금씩 변한다. 모든 노래, 모든 책, 모든 기사, 모든 동영상, 모든 생각들을 접하면서 우리는 진화한다. 그러므로 앞서서 자신을 한 번 정의하는 것은 아무 효과가 없다. 스스로를 알고 싶다면 평생 자신에게 관심을 가져야 한다. 그리고 강조컨대, 이 사실은 부디 잊지 말았으면 좋겠다. 당신은 특정 꼬리표를 넘어선 존재다. 아무도 당신에게 라벨을 붙일 수 없다. 정의할 수 없는 존재가 돼라. 매일 당신 자신과 사랑에 빠질 만큼의 개성을 만들어갈 동안 사람들이 당신이 누구인지를 궁금해하게 만들어라.

나 자신을 찾아가기 위한 작은 팁

한 가지만 말하겠다. 자기 탐색의 여정을 걷다 보면 당신은 자기 자신이 참 쉽지 않은 존재임을 깨닫게 될 것이다. 좋은 일이다. 하지만 이는 사람들이 스스로에 대해 알아보는 일을 포기하는 주요 이유 중 하나기도 하다. 생각보다 감당해야 할 일이 훨씬 더 많아지기 때문이다.

사실 나도 자기 탐색의 여정을 시작했을 때 그 방대함에 압도되고 혼란스러웠다. 어디서부터 시작해야 할지 몰랐다. 자기 탐색이라는 전공이 있는 것도 아니고 따라 할 수 있는 지표도 없었기 때문이다. 수많은 책을 읽고 실험하고 시행착오를 겪으면서 나는 내 여정을 시작하는 데 도움이 된 한 가지 조언을 얻었다.

바로 이 조언이다. '당신이 누구인지 알 수 없다면, 당신은 어떤 사람이 아닌지, 어떤 사람이 되고 싶지 않은지를 먼저 파악하라.'

내가 누구인지를 아는 것보다는 내가 어떤 사람이 되고 싶지 않은지를 파악하는 게 더 쉽다. 내가 관심 없는 분야와 되고 싶지 않은 사람의 목록을 작성하면 내가 싫어하는 것이 무엇인지, 왜 특정한 것을 싫어하는지에 대해서도 명확하게 알 수 있다. 이를 통해 자신의 선택, 원칙, 사고 패턴을 더 잘 이해하게 되는 것이다. 싫어하거나 반대하는 것의 목록을 작성하는 것부터 시작해 보자. 그리고 그 옆에는 그런 것들이 왜 싫은지 그 이유를 메모해 두자.

매일 5분 동안 주위의 방해 없이 혼자 앉아 당신 자신에 대해 몰입해 보자. 이때 당신이 싫어하는 것 한두 가지와 싫어하는 이유를 적는다. 당신의 가치관을 파악하는 데 도움이 될 것이다. 그뿐만 아니라 당신은 단순한 추종자가 아니며 당신에게 던져진 모든 정의를 곧이곧대로 받아들이지 않는 존재임을 이해하게 될 것이다. 이는 세상이 정한 틀에 매몰되지 않고 독립적으로 생각하는 데 도움이 된다.

하지만 한 가지는 미리 일러두고 싶다. 이 과정에서 당신은 반대하고 세상은 인정하는 것들에 대해 더 많이 깨닫게 될 것이다. 그렇더라도 절대로 다른 사람과 그것들을 섣불리 공유하지는 마라. 다시 말해 당신이 싫어하고 반대하는 것을 당신 혼자만 간직해 달라고 부탁하는 것이다. 세상이 받아들이는 것들에 대해서는 사람들이 당신도 그 의견에 동의한다고 생각하게 놔둬라. 그래야 하는 이유는 당신이 사람들에게 좋은 소리만 하거나 자신의 의견을 말하는 것을 두려워하는 사람이라서가 아니다. 세상은 광대들로 가득하기 때문이다. 모든 사람이 저마다의 견해차가 존재할 수 있다는 것을 열린 마음으로 받아들이지 않는다. 그러니 굳이 밖에 나가서 당신의 생각을 큰 소리로 외칠 필요는 없다. 사람들이 당신에게 다 동의할 것이라고도 생각하지 마라.

사실 사람들 대부분이 군중을 따르는 이유는 바로 그 때문이다. 자신의 의견을 말하면 쫓겨날 것을 알기 때문이다. 바로 이러한 두려움이 사람들을 '사고하는 사람'이 아닌 추종자로 살아가게 만드는 이유 중 하나다.

구체적으로 누가 물어올 때만 당신의 의견을 제시해라. 그렇지 않으면 생각은 속으로 삭여야 한다. 때때로 세상의 인정과 내 생각이 다름을 느낄 때 나는 그렇게 한다.

나는 사람들이 나와 다르다는 것을 알고 있다. 그들의 성장 환경, 교육 배경, 경험은 나와 다르다. 따라서 나와 비슷한 의견을 가지고 있지 않을 것이 분명하다. 나는 다른 사람의 의견을 판단하지 않고, 다른 사람이 내 의견을 판단하도록 내버려두지도 않는다. 그리고 솔직히 말해 의견은 다를 뿐이지 어떤게 우월하고 그렇지 않고는 없다. 침묵을 지키고 상대방의 말을 경청하다 보면 새로운 인식을 얻게 될 수도 있다.

그러니 자신이 아니라고 생각하는 모든 것, 또는 절대 되고 싶지 않은 것의 목록을 작성해 보라. 예를 들어 내가 대학에 다닐 때는 거의 모든 학생이 술을 마시곤 했다. 나는 친구들이 한 번만 마셔보라고 해도 절대로 술에 손을 대지 않았다. 왜 그랬을까? 나는 그저 마시고 싶지 않았고 앞으로도 그럴 일이 없을 거라는 걸 알았기 때문이다. 한 번 원칙과 타협하면 원칙을 어기고 편한 대로 하는 것이 습관이 된다.

나는 술을 마시지 말아야 한다고 말하는 것이 아니다. 마셔보고 싶은 적이 없었기에 나는 내 입장을 고수했을 뿐이다. 이제는 당신이 당신 자신의 원칙을 고수할 차례다.

내가 종종 오해받고 혼자 남겨진 이유 중 하나가 이것이었다. 나는 어떤 그룹들에 억지로 소속되고 싶지 않았고, 내 가치와 원칙에 부합하는 사람들과 함께하고 싶었다. 이게 바로 내가 원하지 않는 것을 아는 것이다.

스스로 선을 분명히 정하면 쓰레기를 더 이상 받아들이지 않아도 된다. 아주 사소한 것이라도 억지로 인정하며 받아들일 이유는 없다. 재미없는 농담에 웃지 않게 된다. 나와 어울리지 않는 것, 원하지 않는 것, 절대 되지 않을 것을 알기 때문에 모든 것에 "예스"라고 말하는 것도 멈추게 된다. 자신만의 기준을 바탕으로 사고하게 되며, 나를 둘러싼 사람, 환경, 상황에 적응하려고 여기 있는 게 아니라는 사실을 깨닫게 된다.

원하지 않는 것을 거부하는 법을 익히기만 하면 된다. 다른 사람들에게 '아니요'라고 말하는 법을 배우라는 의미가 아니다. 여기서 거부는 그런 뜻이 아니다. 그저 자신이 원하지 않는 게 무엇인지 아는 일이다. 자신만의 명확한 기준을 설정한 뒤 사람들이 그 기준을 넘지 못한다면 그들은 자연스럽게 멀어질 것이다. 이것이 좋은 사람들을 끌어들이고 해로운 사람들을 멀리하는 방법이다. 시간이 흐를수록 당신의 눈에 해로운 사람들은 보이지 않게 된다. 흘깃 보기만 해도 그들이 당신 가치관과 맞지 않는다는 사실을 알 수 있으니까 말이다.

4장

영원할 수 있는 유일한 관계는
나 자신과의 관계다

"당신이 혼자 있을 때

당신과 같이 있는 그 사람,

즉 자기 자신을 좋아한다면

당신은 외로울 수 없다."

_ 웨인 다이어(Wayne Dyer), 미국의 심리학자

어쩌면 당신은 '혼자는 좋은 것'이라고 믿을 수 있기를 바라는 마음으로 이 책을 펼쳤는지도 모르겠다. 그래서 내가 계속해서 '혼자는 좋은 것이다'라고 말해주기를 원할 수도 있다. 하지만 나는 그렇게 하지 않을 것이다.

왜냐하면 그런 기대야말로 우리가 진정 나 자신으로 거듭나기를 가로막는 문제이기 때문이다. 우리는 다른 사람이 우리에게 믿음을 주길 바란다. 우리의 손을 따뜻하게 잡아주고 친절히 길을 알려주길 원한다. 그러다 그 사람들이 여정 중간에 떠나면 우리는 길을 잃었다고 생각한다. 모든 것이 어둡고 무섭게 느껴진다.

그런데 우리가 깨닫지 못하는 게 있다. 가고자 하는 곳에 도달하기 위해서는 혼자 걸어야 한다는 사실이다.

사람마다 목표가 다르다. 따라서 모두가 같은 길을 걸을 수는 없다. 도중에 좋은 사람이든 나쁜 사람이든 수없이 많은 이들을 만나게 되겠지만 그들 역시 자신의 길을 찾아 떠날 것이다. 결국에는 당신 혼자 남았다. 자, 이제 어떻게 할 것인가? 삶의 여정 한 가운데서 길을 떠나버린 사람들을 향해 울고 소리 지를 것인가? 아니면 혼자 묵묵하게 걸어 꿈의 목적지에 도달할 것인가? 이는 당신의 선택에 달렸다. 두 경우 모두 혼자가 되는 건 피할 수 없다. 하지만 울면서 자신을 무력한 존재로 만들 것인지, 아니면 계속 걸으며 여행을 즐길 것인지는 오롯이 당신의 선택에 달렸다.

나는 초등학교 5학년 이후로 이사를 많이 다녔다. 그래서 어떤 학교에도 2년 이상 머물지 못했다. 대학에 갈 때까지 계속 학교를 옮겼다. 내성적이고 자신감이 극도로 부족했던 나는 친구를 사귀는 것이 상당히 힘들었다. 마침내 절친이 될 만한 친구를 사귀게 됐다 싶으면 또다시 나는 혼자 남겨졌고 처음부터 시작해야 했다.

고등학교 때 정말 친한 친구가 있었는데 전학을

가면서 헤어져야 했다. 새로운 학교에서 친한 친구가 한 명 더 생겼는데 이번에는 대학 진학을 위해 고향을 떠나 다른 도시로 옮기면서 멀어질 수밖에 없었다. 대학에 입학하고서는 첫날에 만난 룸메이트가 내 절친이 되었다. 교수님들도 "너희는 쌍둥이처럼 항상 둘이 붙어 다니는구나"라고 말씀하실 정도로 우리는 절친한 사이였다. 처음으로 내게도 절친이라 부를 수 있는 친구가 생겼다고 여겼다. 우리는 영원히 함께일 거라는 생각에 기뻤다. 그런데 당시 몸이 너무 아파서 잠시 고향으로 돌아와야만 했고, 다시 학교로 돌아갔을 때 이미 그녀의 절친 자리는 내 것이 아니었다. 나는 더 이상 그 친구가 정의하는 '재미'에 맞지 않는 사람이었던 것이다.

그 이후로 한동안 나는 혼자였다. 4개월쯤 지났을까? 나는 새로운 사람들을 만났다. 그들은 내가 만난 사람들 중 가장 멋졌다. 나와 같은 여성이었지만 이들은 내게 연인보다 더 따뜻하고 안락한 마음의 안식처가 되어주었다. '여성의 적은 여성이다'라는 말을 수없이 들으며 자라왔던 나에게 이들과의 만남은 신선한 충격이었다. 나는 그들을 믿고 의지하며 남은 대학 생활을 보낼 수 있었다.

다시 본론으로 돌아와서, 대학을 졸업하고 내가 다시 고향으로 돌아와야 했을 때 우리는 어쩔 수 없이 서로를 떠나야 했다. 나는 그들과 헤어지는 것이 마치 내 몸의 일부를 떼어내는 것처럼 슬펐다. 그러나 우리의 진정한 우정에 먼 거리는 문제가 되지 않는다고 생각했다.

처음 몇 달은 정말 좋았다. 친구들과 종종 연락을 주고받으며 대학 시절 이야기들을 나누고, 우리가 했던 바보 같은 짓을 추억했으며, 서로의 일상적인 생활에 대해 공유하곤 했다. 그러다가 몇 달이 지나자 모두 각자의 일로 바빠지기 시작했다. 시간을 내어 통화를 하려고 해도 무슨 말을 해야 할지 모를 지경이 되었다. 점점 침묵을 지키는 시간이 길어졌다. 이제 우리의 삶과 직업, 환경은 바뀌었고 우선순위도 달라졌다.

바로 그 순간 외로움이 나를 덮치기 시작했다. 나는 외로움과 혼자가 되는 것은 별개의 문제라고 생각한다. 하지만 존재만으로도 집처럼 편안하게 느껴졌던 사람들의 부재가 그리워지는 건 부인할 수 없는 사실이다.

그들의 바보 같은 농담, 영감을 주는 말들, 숨겨진 배려와 사랑, 이 모든 것이 그들을 그리워하게 만든다. 더 이상 함께할 수 없는 사람들에 대한 그리움과 더불어 당신의 일부였던 사람들을 떠나 보내야 한다는 사실을 깨닫게 되면 외로움을 느끼게 된다.

하지만 내가 깨달은 것은, 누구에게나 인생에서 사람들은 가까워졌다가 멀어졌다가 한다는 사실이다. 좋은 일이든 나쁜 일이든 사람들은 왔다가 사라진다. 우정과 로맨스에 관한 훌륭한 웹 시리즈와 영화를 보고 나면 우리는 영원이라는 게 있다고 믿게 된다. 그리고 영원할 것 같았던 친구나 연인이 떠나면 배신감, 외로움, 불완전함을 느끼게 된다.

우리는 자라면서 사람들이 항상 곁에 있어야 한다는 믿음을 키워왔다. 하지만 현실은 그런 식으로 돌아가지 않는다. 사람들은 원할 때 언제든지 이용할 수 있는 구급차가 아니다. 그들도 각자 처리해야 할 일이 있다. 해야 할 일이 있고, 돌봐야 할 가족이 있으며, 달성해야 할 목표가 있다. 그리고 혼자 조용히 숨을 들이마실 시간도 필요하리라.

이것이 친구들과 작별을 고해야 할 때 내가 받아

들여야 했던 냉혹한 진실 중 하나였다. 처음에는 나도 슬프고 외로웠지만 차츰 그것이 인생이라는 사실을 깨달았다. 어른이 되면 원하지 않더라도 작별 인사를 해야 하는 시기가 반드시 찾아온다는 것을 알게 된다.

그렇기에 앞서 언급한 것처럼, 외로움은 결코 피해갈 수 없는 인생의 여정 중 일부다. 당신에게 일과 우정 중에서 하나를 선택해야 한다고 말하는 것이 아니다. 당신이 아무리 붙잡으려고 애를 써도 자연스럽게 친구들은 당신의 손에서 미끄러져 나간다는 사실을 말하는 것이다.

커리어를 쌓음과 동시에 친구들과 잘 지내며 꿈같은 생활을 하는 것, 그것은 두 마리 토끼를 잡는 일일지도 모른다. 예를 들어, 내가 가장 좋아하는 TV 드라마 시리즈 중 하나는 <프렌즈>인데 이 시리즈를 보면 친구들 여섯 명이 항상 뭉쳐 다니며 일상을 공유한다. 드라마 속 그들은 언제나 함께 커피숍에 앉아 있지만 현실에서 이러기란 불가능하다. 당신에게는 직장, 경력, 학업, 가족, 연인 등 돌봐야 할 것들이 무수히 많다. TV 속 주인공들처럼 항상 같은 곳에 앉아서 놀기만 할 수는 없다.

그러니 '사람들이 영원히 머물기를 기대할 수는 없다'는 새로운 신념, 아니 하나의 합의를 만들어보자. 그들이 나빠서도, 나에게서 문제점을 발견해서 달아나려는 것도 아니다. 그들에게도 또 다른 삶이 존재한다. 그들 역시 삶에서 일어나는 다양한 일을 처리하면서 성장해 나간다.

우리에게 영원이라는 개념은 이런저런 미디어에서 얻은 환상에 불과하다. 우리 세대에게 영원이란 SNS에서 서로 팔로우하고 가끔 서로의 게시물에 댓

글을 달면서 기억 속에 남는 것을 의미한다. 그게 다다. 이 외에 누군가에게 기대하는 것이 있다면 당신은 상처받을 준비를 해야 할 것이다. 그러니 다른 사람에 대한 기대를 버리고 한 가지 간단한 진리를 깨달아라.

"이제 당신은 혼자다. 당신을 제외하고는 아무도 당신 곁에 영원히 머물지 않을 것이다. 다른 사람이 영원히 당신을 돌봐줄 수는 없다."

따라서 지금 나의 곁에 있는 사람에게는 물론이고 앞으로 좋은 사람들을 만나게 되더라도 한 가지를 기억해야 한다. 누구에게도 의존해서는 안 된다는 것이다.

스스로와 함께 있는 것이 안전하고 사랑받는다고 느낄 수 있도록, 자신을 위한 충분한 공간을 마음속에 만들어야 한다. 그리고 사람들과 함께하는 시간을 단기적인 즐거움이나 도피가 아니라 하나의 보너스처럼 여기는 게 좋다.

이제 스스로에게 무엇을 원하는지 물어보라. 삶의 여정에서 비록 사람들이 나를 떠났지만 그럼에도 불구하고 계속 걷기로 결정했다면 한 가지를 더 선택해야 한다. 당신과 평생 함께 있는 유일한 사람, 즉 스스로를 사랑해야 한다는 것이다.

자신을 사랑한다면 이 여정은 일종의 치유가 될 것이다. 앞서 말했듯이 자기 자신과 함께하는 것은 자유로운 일이다. 오직 한 마음, 한 목소리, 한 가지 유형의 의견과 인식을 가졌으니 말이다.

다른 사람들을 기쁘게 만들기 위해서 마음에 들지 않는 사람들을 향해 억지로 웃음을 짓고, 그저 그들이 끝까지 손을 잡아줄 거라고 기대하며 자신이 아닌 다른 사람처럼 구는 부담을 가질 필요가 없다. 혼자서도 충분히 잘 걸을 수 있다는 것을 알게 되면, 당신은 자신의 영혼이 누리는 소박한 삶의 기쁨을 경험하게 될 것이다.

부디 내가 하는 말을 이해할 수 있기를 바란다. 나는 당신에게 사람들을 억지로 밀어내라고 말하는 게 아니다. 그렇게는 절대 하지 마라. 당신을 진정으로 사랑하는 사람들을 밀어내고 스스로를 혼자 만들라는 얘기가 아니다. 이 복잡한 세상 속에서 자기 자신을 잊지 말라는 것뿐이다.

2부에서는 혼자 있는 고독의 시간을 성장의 시기로 바꾸는 것에 관해 이야기해 보려고 한다. 고독은 저주가 아니라 특권이다.

당신 자신과 여정을 함께할 준비가 되었는가? 그럼 이제 당신이 꿈꾸는 삶을 향해 걸어가는 법을 알아보자.

2부

혼자의 시간으로
더 깊어지는
법에 대하여

5장

고요하고 충만하게, 혼자 있는 기술을 연습하기

"어떤 사람들은 친구나 가족이 없어서
혼자인 경우가 있다.
그러나 또 어떤 사람들은
오로지 자신과 만나기 위해
혼자가 되는 연습을 한다."

"모든 사람이 다른 사람들 사이에서
자신의 집을 찾는 이 세상에서
자신에게 소속되는 법을 아는 것은
중요한 삶의 기술이다."

조지아 오키프(Georgia O'Keeffe)는 '미국 모더니

즘의 어머니'로 불리는 모더니스트 예술가다. 1887년 11월 15일에 7남매 중 둘째로 태어났고 위스콘신주 선 프레리 근처의 농장에서 자랐다. 고등학교를 졸업할 무렵 그녀는 예술가의 길을 걷기로 결심하고 시카고 예술 대학교와 뉴욕 아트 스튜던츠 리그에서 전통 회화를 공부했다.

그러던 중 화가이자 교육자인 아서 웨슬리 다우(Arthur Wesley Dow)의 혁명적인 사상을 접하면서 오키프의 예술적 실천에 대한 접근 방식과 방향이 바뀌었다. 다우는 오키프에게 예술에 대한 기존 사고방식을 뒤엎는 영감을 제시했고, 오키프는 서부 텍사스에서 학생들에게 미술을 가르치는 동시에 2년간 추상화 그리기에 몰두했다. 오키프는 추상적인 목탄 드로잉을 통해 자기 생각과 감정을 표현하는 자신만의 언어를 개발했다.

나중에 그녀는 완성된 목탄 드로잉 중 일부를 뉴욕에 있는 친구에게 보냈다. 이 친구는 미술품 딜러이자 유명한 사진작가인 알프레드 스티글리츠(Alfred Stieglitz)에게 그녀의 그림들을 보여줬고, 그는 훗날 오키프의 남편이 되어 1916년, 오키프의 작품을 최초로 전시하게 된다. 오키프는 이 전시를 계기로 미국에서 가장 성공적이고 중요한 예술가 중 한 명으로 발돋움했다. 그녀의 뉴욕 고층 빌딩 그림은 모르는 사람이 없을 정도였다.

그러나 전성기를 구가하던 오키프는 뉴욕의 대도시 생활에서 점점 불안을 느꼈고, 군중으로부터의 탈출구를 찾고 싶어 했다. 남편 스티글리츠는 사교적인 사람이었지만, 오키프는 혼자 있는 것을 더 좋아했다. 그녀는 항상 "혼자 있는 것에는 일종의 자유가 있다"고 말하고는 했다.

1929년, 많은 고민 끝에 그녀는 뉴멕시코로 여행을 떠났다. 오키프는 화가로 살아가는 동안 수없이 사막으로 떠났는데, 이 여행이 그 시발점이었던 셈이다. 그녀는 나중에 회사로 가져갈 미술용품 외에는 아무것도 없이 홀로 텐트에서 몇 달을 보냈다.

  1934년 오키프는 유령 목장의 땅을 사들여 사막으로 영구 이주했다. 그녀는 거의 4년 동안 '고독한 거처'를 마련하는 데 시간을 보냈다. 칠레의 아타카마 사막에 있는 세로파라날 산맥이 한눈에 들어오는 작은 미니멀리즘 형태의 주택은 그녀만의 작은 안식처가 되어주었다. 거의 한 세기 동안 그녀는 '아주 고요하고 충만하게 혼자'인 행복한 고독 속에서 몸이 허락할 때까지 예술을 창조하며 살았다.

  "내가 보고 있는 것을 모방하는 게 아니라 보고 있는 것으로부터 내가 느끼는 것에 상응하는 것을 만들어야만 했다"라고 오키프가 말했던 것처럼, 그녀의 예술과 그 배경이 되는 영감은 단순했다. 물론 고독 속에서 영감을 얻은 예술가는 조지아 오키프가 처음도 아니고 유일하지도 않다. 역사를 살펴보면 혼자만의 시간을 보내면서 자신의 마음이 건네는 말에 귀 기울인 전설적인 예술가, 철학자, 작가들의 사례가 가득하다.

조지아 오키프와 마찬가지로 고독을 선호했던 발명가 니콜라 테슬라(Nikola Tesla)는 이렇게 말하기도 했다. *"마음은 은둔과 방해받지 않는 고독 속에서 더 날카롭고 예리해진다.* 생각하기 위해 실험실이 클 필요는 없다. 창의성을 무너뜨리려 우리를 몰아붙이는 외부의 영향을 피할 수 있으면 된다. 그런 영향이 없는 은둔의 공간에서 우리의 독창성은 번성한다. 혼자 있어라. 그것이 바로 발명의 비밀이며, 아이디어는 혼자 있을 때 탄생한다. 지상의 많은 기적은 겸손한 환경에서 탄생한다."

서양 미술에서 가장 영향력 있는 인물 중 한 명인 빈센트 반 고흐(Vincent Willem van Gogh)는 네덜란드의 후기 인상파 화가다. 고흐는 사후에야 유명해졌지만, 고독한 삶을 살면서 평생 2천여 점이 넘는 작품을 창작했다. 그는 종종 외로움을 느꼈다고 토로했다. 그러나 외로움에 울거나 맘에 안 맞는 친구를 찾는 대신 그림을 통해 외로움에 대한 자신의 경험을 표현했다. 그는 "나는 종종 비참함 속에 깊이 잠겨 있지만 내 안에는 여전히 평온함과 순수한 조화, 음악이 있다"라고 말하기도 했다.

이들은 자신의 본성에서 멀어지게 하는 외부의 소음을 제거하기 위해 혼자 있는 시간을 선택한 위대한 예술가들의 사례 중 일부에 불과하다. 컴퓨터 공학 박사이자 저널리스트인 칼 뉴포트(Calvin C.

Newport)도 그의 책 『슬로우 워크』에서 모든 위대한 작가, 예술가, 발명가들이 자기 내면의 깊은 곳과 연결되어 진정한 걸작을 창조하기 위해 방해받지 않고 시간을 보내는 방법을 어떻게 선택했는지에 대해 이야기한 바 있다.

요즘 사람들은 고독을 외로움, 도망치거나 부끄러워해야 할 것으로 치부하고 있지만, 역사적으로 위대한 지성 가운데에는 내면으로의 여행을 위해 고독을 선택했던 이들이 꽤 많다. 그렇다. 고독은 우리 내면에 존재하는 고요함을 경험할 수 있는 고도의 우아한 행위다.

나는 이 현상을 우연이라고만 생각하지 않는다. 우리를 둘러싼 체제는 매우 신중하게 설계되었고 인간의 기본적인 본성에 대한 깊은 분석을 거쳐 이루어졌다. 인간은 타인을 통해 보호받는 느낌과 안전함을 얻는다. 따라서 그들을 필요로 한다. 인간은 이런 방식으로 기능한다. 그리고 모든 거대 기업(특히 SNS 플랫폼)은 우리의 '인정받고 싶은 욕구'를 그들 체계의 중심에 둠으로써 우리를 계속해서 불행의 순환 속에 가두어놓도록 설계되었다.

조지아 오키프의 삶은 고독이 우리의 잠재력을 최대한 발휘하는 데 어떻게 도움이 되는지 보여주는 살아 있는 증거다. 주변을 둘러보라. 삶의 중심부에 경계를 설정하고 목표와 꿈을 향해 노력하는 사람들에게는 사실 친구가 많지 않다. 그들은 혼자 있는 사람들이다.

그들이 비참하고 한심해서가 아니다. 사람들과 어울리며 떠드는 의미 없는 소음으로부터 떠나기로 그들 자신이 선택했기 때문이다. 무의미한 파티, 모임에 기웃거리거나 남들의 SNS를 엿보는 데 시간을 쓰는 사람들은 누가 무엇을 하고 있는지 판단할 시간은 많아도 자기 자신과의 진정한 연결은 하지 못하고 있을 확률이 높다.

무언가에 열중한 사람, 미래를 위해 노력하는 사람, 예술 창작에 바쁜 사람들은 외로움을 느낄 시간이 없다. 오히려 그들은 '집중'할 수 있도록 혼자 있기를 갈망한다.

진짜 자신이 되기 위한 집중

산만하고 쉽게 조종당하는 사람에게 집중은 쉬운 일이 아니다. 내가 과장하고 있다고 생각하는가? 솔직히 요즘에는 SNS와 스마트폰에 중독되어 있는 사람이 너무도 많다. 그들은 '스마트폰 중독에서 벗어나는 방법'을 알고 싶어 하면서도, 바로 다음 날이면 아무 쓸모도 없는 게시물과 동영상의 늪에서 헤엄치는 자신을 발견하게 된다.

대체 왜 그렇게 되는 걸까? 당신 마음의 주인은 당신이다. 그런데 왜 하루 종일 스마트폰을 손에 들고 다른 사람의 SNS를 훔쳐 보면서 시간을 낭비하는 걸까? 당신이 진짜 하고 싶은 일에 왜 집중하지 못하는 걸까?

만일 당신이 그렇다면, 그건 당신이 더 이상 스스로의 마음을 통제하지 못하고 있기 때문이다. 이제 당신의 마음은 거대 기술 기업이 원하는 대로 통제할 수 있는 부속품이 되었다. 사람들이 '생산성을 높이는 방법'을 알기 위해 유튜브를 찾아보거나 그에 관한 책을 읽는다는 사실은 너무 웃기면서도 슬프다. 당신은 정말 그렇게 무력하고 의지가 부족한가?

정말로 생산성을 높이고 업무를 완수하고 싶다면 의자에 궁둥이를 붙이고 앉아서 당장 일을 시작해야 한다. 그것 말고 다른 속임수나 탁월한 기술은 없다. 하지만 생각만 하는 바보가 된 우리들은 삶을 개선하기 위한 쉬운 해결책과 빠른 지름길만을 찾아 헤맨다.

이쯤에서 '아니, 이게 다 고독 수행과 무슨 상관이 있나요?'라고 묻고 싶은 사람도 있을 듯하다. 중요한 포인트는 이것이다. 다른 사람들의 규칙을 계속 따르면서, 당신에 대해 아무것도 모르는 사람들에게서 해결책을 구한다면 당신은 인생에서 어떤 좋은 것도 결코 얻을 수 없다.

당신의 진정한 해결책은 바로 당신 자신이다. 당신의 마음은 '무엇을' 해야 하는지 알고, '어떻게' 해야 할지 알아낼 수 있을 만큼 충분한 능력도 있다.

하지만 다른 사람의 생각과 의견으로 계속 마음을 채우다 보면 결국 그들과 비슷해지고, 똑같은 생각만 하게 된다. 당신만의 독창성은 단 한 방울도 남지 않을 것이다. '당신이 가장 많은 시간을 함께 보내는 주위 다섯 사람들의 평균이 바로 당신이다'라는 말을 하는 것도 바로 그래서다.

여기서 내가 당신에게 던지는 질문은 아주 간단하다. '당신이 가장 많은 시간을 함께 보내는 다섯 사람에 당신 자신도 포함이 되는가?' 만일 거기에 자기 자신을 포함시키지 않는다면 그게 어떻게 평균적인 나 자신의 모습이 될 수 있을까? 가장 많은 시간을 함께 보내는 사람과 닮아간다면, 스스로와 시간을 보내지 않을 때는 진정한 자신으로부터 멀어진다는 뜻 아닌가?

아마도 조지아 오키프 같은 예술가들은 이를 잘

알고 있었던 것 같다. 그들은 진정한 예술을 창조하기 위해서는 먼저 진짜 자신이 되어야 한다는 것을 알고 있었기 때문에 고독을 선택했을 것이다.

우리는 이미 외로움이 왜 저주가 아닌지, 어떻게 그렇게 믿도록 조종당했는지 안다. 그리고 이제는 고독이 진정한 예술 혹은 무언가를 창조하는 최고의 방법이라는 것 또한 알아야 한다. 물론 당신과 내가 모든 걸 버리고 멕시코의 외딴 사막으로 이주할 수는 없다. 하지만 당신과 나는 의식적으로 나 자신과 함께 시간을 더 많이 보내며 더 자기다운 사람이 되는 길을 선택할 수 있다. 적어도 우리는 우리의 진정한 개성이 반영된 모습을 느끼며 마음의 여유를 경험할 수 있다.

지금부터 진짜 고독을 실천하는 방법과 그 이유에 대해 알아보자. 그런 뒤 혼자 있음을 활용해 자신을 성장시키는 방법을 배우자.

소화, 성찰, 재설정

이상한 질문이지만, 당신이 좋아하는 음식을 누군가가 당신에게 선물했는데 당신 몸이 감당할 수 있는 양보다 더 많이 먹은 적이 있는가? 그러다 너무 배가 부른 나머지 숨 쉬는 것조차 힘들게 된 적이 있는가? 그런 상황에서 누군가 10km를 걷자고 한다면 걸을 수 있을까?

아마 아닐 것이다. 과식하면 피곤하고 몸이 느려지거나 지친 기분이 들 수 있다. 그리고 햄버거나 치킨 같은 정크 푸드를 먹으면 구토, 복통, 더 심할 경우 식중독을 유발하기도 한다. 결국 당신이 먹는 음식이 당신을 만드는 것이다. 그러니까 '정크 인(Junk in) 정크 아웃(Junk out)', 즉 안 좋은 것이 들어가면 안 좋은 것이 나오는 게 당연하다. 매일 햄버거, 피자, 감자튀김을 먹으면 건강한 몸을 만들 수 없는 것이다. 당연하지 않은가?

이 정도는 이해할 만큼 당신은 똑똑한 사람이니 다음으로 넘어가 보자. 누구도 두 시간 동안 계속 음식을 먹으라고 당신에게 강요할 수 없다는 걸 당신은 잘 알고 있다. 자꾸 멍청한 질문을 던지는 것 같아 미안하지만 우리가 같은 생각을 하고 있는지 확인하려는 것뿐이니 이해해 주기 바란다. 당신은 음식을 먹고 포만감을 느낀 다음 다시 배고픔을 느낄 때까지 적어도 두세 시간 동안은 더 먹지 않을 것이다. 그렇지 않은가?

우리 뇌도 마찬가지다. 감당할 수 없을 만큼 많은

정보에 노출되면 제 기능을 할 수 없게 된다. 그런데도 우리는 쉴 틈 없이 계속해서 콘텐츠를 소비하도록 요구한다. 뇌가 쓰레기로 가득 차서 똑바로 생각하는 것조차 버겁게 느껴지는데도 어떻게 뇌가 창의적으로 작동하기를 기대할 수 있을까?

정크 푸드를 먹는데도 저절로 복근이 생기고 건강한 몸이 되는 것은 아니듯, 정크 콘텐츠를 섭취하는 것도 똑똑해지는 데 아무 도움이 안 된다. 우리가 몸에 몇 시간 동안 계속해서 음식을 집어넣지 않듯이, 뇌에도 마찬가지로 정보와 지식을 끊임없이 흘려넣을 수는 없다. 과도한 정보는 뇌의 모든 정신적 에너지를 빨아들이고 뇌를 둔해지거나 졸리게 만들 것이다.

다시 말해 마음은 당신이 주는 것을 다시 내어준다. '정크 인, 정크 아웃.' 그리고 몇 시간 동안 지속해서 뇌에 나쁜 영양소를 공급하면 결국 기본적인 정신 능력은 파괴된다. 우리 몸이 음식을 소화하는 데 시간이 필요한 것처럼, 뇌도 섭취한 정보를 소화하는 데에 시간이 필요하다는 뜻이다.

뇌에게 주어야 하는 휴식은 '의식적인 고독'의 시간, 즉 외부의 방해나 소음 없이 혼자 앉아 뇌가 섭취한 모든 것을 소화할 수 있도록 기다려주는 시간이어야 한다. 세상에는 너무나 많은 정보와 콘텐츠, 수많은 조언과 팁이 있다. 매우 많은 사람이 각자 다른 의견과 인식을 가졌기 때문에 의식적으로 콘텐츠와 거리를 두지 않으면 결국 그 거대한 바다에 빠진 채 허우적거리게 될 것이다.

우리는 끊임없이 외부 세계의 정보를 소비하고 있다. 하지만 우리는 소비한 정보를 소화할 만큼 충분한 휴식을 취하지 못한다. 너무 많은 정보, 의견, 데

이터에 둘러싸여 있어 나조차도 무엇이 머릿속에 들어오는지 모른다. 우리는 강력하게 주장하는 말을 들으면 두뇌를 사용하지 않고도 그것을 믿기 시작한다. 그 내용이 긍정적이든 부정적이든 상관없다. 중요한 것은 우리가 더 이상 생각하지 않는다는 것이다.

유튜버, 팟캐스터, 작가 또는 SNS 인플루언서 역시 신이 아닌 사람이다. 따라서 그들이 말하는 모든 것이 반드시 옳거나 당신의 삶에 적합한 것은 아니다. 나의 기준에 맞지 않는 내용은 걸러야 한다. 콘텐츠를 닥치는 대로 소비하면서 '와우, 정말 멋진 정보였어'라며 감탄만 하지는 말자.

어떤 조언이나 생각이 당신 마음에 자리 잡기 전에 먼저 당신 스스로 생각하라. 당신의 내면에도 여행하고 탐험해야 할 세계가 있다. 당신의 마음속에는 당신이 주목해야 할 고유한 사고 과정과 의견이 있다. 혼자 앉아 내면의 목소리에 귀를 기울이지 않는다면 내면에서 무슨 일이 일어나고 있는지 어떻게 알 수 있을까?

세상과 단절된 채 혼자 있을 때 당신 마음에 들어오는 생각은 '당신이 누구인지, 당신에게 무엇이 중요한지, 당신의 사고 과정이 어떤지'를 실제로 반영하는 중요한 정보다.

혼자 고요히 앉아 있기란 힘든 일이다. 나도 안다. 특히 1초만 지나도 잊어버릴 틱톡 영상을 보면서 웃는 게 습관이 된 사람들에게는 더욱 그렇다.

우리는 값싼 엔터테인먼트 콘텐츠를 소비하는 데 너무 익숙해졌다. 소셜미디어 콘텐츠를 스크롤하는 데 두 시간을 낭비하면서도 무감각해지도록 훈련된 것이다. 몇 시간 동안 스마트폰 화면을 볼 때는 피곤하지 않지만 새로운 것을 배우거나 업무를 할 때는 금세 피곤함을 느끼고 주의가 산만해진다. 왜 그럴까? 스마트폰이 그렇게 설계되었기 때문이다. SNS에서 보는 바보 같은 농담에 웃는 일에는 집중할 필요가 없다. 유행하는 동영상을 넘나들 때는 길을 잃을 걱정도 없다. 그래서 SNS를 쉽게 즐길수록 당신의 마음 근육은 약해진다.

SNS와 틱톡에 빠져 있다면 당신은 매일 '집중하지 않는 연습'을 하고 있는 셈이다. 내가 하고 싶은 말은, 처음에는 혼자 고요히 앉아 있기가 힘든 게 당연하다는 사실이다. 하지만 그건 지금 우리에게 꼭 필요한 연습이기도 하다.

배가 부르면 음식을 더 먹지 않듯이 우리 뇌에도 충분히 소화할 시간을 주어야 한다. 중요한 것은 되새기고 중요하지 않은 것은 삭제하라. 그래야 다시 뇌에 정보를 넣을 충분한 공간을 확보할 수 있다. 그렇지 않으면 앞서 말했듯이 당신은 결국 당신 주위 사람들의 평균에 머물 것이다. 반면 당신이 당신 자신과 함께 보내는 시간은 쓰레기를 걸러내고, 의견을 선별하고, 생각을 분석하고, 자신의 신념을 연구하는 데 도움이 된다.

당신만의 고유한 세계를 만들기 위해 잠깐 마음을 재설정하고 혼자만의 시간을 가져라. 고독한 시간을 선택해 온전한 자유를 느끼며 외부 세계의 소음에서 벗어나 마음의 휴식을 취해야 한다.

아무것도 하지 않는 기술

글쓰기를 하는 동안 나는 유명 작가들의 인터뷰

를 꽤 많이 찾아 읽곤 했다. 그들 모두는 한 가지 공통된 이야기를 하곤 했다. "최고의 아이디어는 아무것도 하지 않을 때 떠오른다."

비단 작가들뿐만 아니라 예술적이고 창의적인 작업을 하는 사람에게 물어봐도 아마 비슷한 대답을 들을 수 있을 거라고 생각한다. 물론 그것이 내게도 일어나기 전까지는 나 역시 불가능한 일이라고만 생각했었다.

우리는 항상 바쁘다. 하나의 작업이 끝나면 또 다른 작업이 기다리고 있고, 잠시만 자리를 비워도 메일함과 스마트폰에는 메시지가 연달아 도착한다. 영상 하나를 보면 또 다른 영상이 자동으로 재생된다. 생각도 마찬가지다. 한 생각이 끝나면 또 다른 생각이 꼬리에 꼬리를 물고 이어진다. 그 사이클은 절대 끝나지 않는다.

우리가 어떤 사람이 되어가고 있는지, 무엇을 잃고 있는지, 무엇을 생각하고 있는지, 우리의 사고 과정이 무엇인지에 대해 잠시 멈춰서 생각해 본 적 있는가? 자신이 무엇을 소비하고 있는지 생각하지 않고 외부 정보만 받아들이다 보면 결국 주변 환경과 같은 행동과 생각을 하고, 주위 사람들과도 비슷해진다. 그러면서 창의적인 아이디어가 떠오르지 않는다고 불평하게 되는 것이다.

나는 더 많은 시간을 혼자 보내기로 결심했다. 그리고 마음에 저장된 불필요한 정보를 정리하고, 재충전하는 데 필요한 휴식을 취했다. 그러다 보니 가장 예상치 못한 순간에, 나 같은 사람에게는 불가능하다고 생각했던 아름다운 아이디어가 떠오르기 시작했다(과거의 나는 정말 아무 생각이 없었다는 걸 그때 깨달았다).

토할 것처럼 꽉 찬 마음에서는 무언가 새로운 것을 떠올리기 어렵다. 편안하고 여유로운 마음일 때 더 많은 아이디어가 만들어진다. 뇌에 끊임없이 무언가를 공급하면 뇌의 소화 능력이 떨어진다. 뇌가 정보를 처리하는 데 시간이 필요하다는 것은 이미 입증된 사실이다. 그리고 그 간격이 없으면 머릿속은 뒤죽박죽 엉망이 되고 만다. 이것이 바로 바쁘게 사는 사람들이 항상 피곤함을 느끼는 이유다. 집중력이 떨어지고 창의력이 발휘되지 않는 것은 두말할 필요도 없다.

스트레스를 주는 일들과 해야 할 일의 목록으로 가득한 세상에서는 아무것도 하지 않을 시간을 찾기가 어려울 수 있다. 이것이 바로 아무것도 하지 않는 시간을 찾아야 하는 가장 큰 이유다. 작가 엘리자베스 길버트(Elizabeth Gilbert)는 『먹고 기도하고 사랑하라』에서 이탈리아어에서 유래한 '돌체 파 니엔테

(Dolce Far Niente)' 즉 '아무것도 하지 않는 것의 달콤함'을 소개한다.

아무것도 하지 않는다는 것은 '의식적으로 행하는 모든 활동이 없는 상태'를 의미한다. 스마트폰이나 SNS도 사용하지 않는다. 책을 읽거나 잡담도 하지 않는다. 숨겨진 목적 같은 것이 없는, 오로지 그 순간의 당신이다. 속도를 늦추고, 여기저기로 마음을 내던지지 않으며 그저 존재한다는 의미다.

우리가 사는 세상은 값싼 오락거리로 가득하다. 당신은 잠시라도 따분함을 느끼면 즉시 스마트폰을 열어 SNS에서 사람들이 이상한 춤을 추거나 다른 사람을 놀라게 하는 영상을 본다. 대체로 이런 오락적인 것들은 당신 손끝 하나를 통해 언제든지 접근할 수 있다. 그러나 그것들은 당신을 약하고 무감각하게 만든다.

우리는 바쁘다는 말을 명예의 훈장처럼 달고 다닌다. 일을 잠시 쉴 때도 여행을 다니거나, 운동을 하거나, 악기를 배우는 등 생산적인 일을 해야 한다고 생각한다. 회사를 다니면서도 새로운 사업을 시작하고 글쓰기나 영어 공부, 독서 같은 성장을 위한 일에 몰두하기도 한다.

그리고 바쁘지 않으면 두려움을 느낀다. 바쁘지 않다는 것은 어떤 사람들에게는 자신을 직접 대면해야 한다는 의미고, 또 다른 사람들에게는 자신이 가치 없다고 느끼도록 하는 일이다. 어떤 사람들은 자신이 완벽하고 유용하지 않다는 생각을 감당하지 못한다. 자유 시간이 있을 때 우리는 무언가 잘못됐다고 느낀다.

그래서 우리는 단기적인 즐거움이나 오락 또는 해야 할 일 목록을 얼굴 앞에 내밀어 놓고 항상 바쁘게 지낸다.

하지만 따분해지는 것도 기술이다. 손끝만 까딱하면 즐길 수 있는 수많은 옵션이 있는 세상에서 아무것도 하지 않고도 완전히 만족감을 느끼는 방법을 아는 것은 결코 쉽지 않다. 의식적으로 아무것도 하지 않기로 선택하면 불필요한 콘텐츠를 완전히 멈추고 마음에 절실히 필요한 휴식을 취할 수 있을 뿐만 아니라 자제력을 키우는 방법도 배울 수 있다.

사람들은 대부분 인생에 재미가 없다는 생각을 견딜 수 없어서 해가 되는 줄 알면서도 헤어진 연인이나 친구들에게 돌아간다. 다른 사람들과의 관계가 따분하고 지루하다고 느껴도 그들에게서 멀어지지 못한다. 도대체 왜 그럴까?

따분해지는 것은 일종의 명상과 비슷하다. 당신

이 아무것도 하지 않는다는 것은 혼자 앉아 있는 것을 의미한다. 오로지 당신 자신의 마음을 알아차리는 순간이다. 이때 부정적인 생각이나 자기 파괴적인 생각에 빠지지 않도록 주의해야 한다. 이 순간을 통해 당신은 마음을 다스리는 법을 배우기 때문이다. 다른 사람과 함께 있고 싶은 욕구, 값싼 오락에 대한 욕구를 조절하는 법과 단기적인 쾌락에 굴복하지 않는 법을 배움으로써 당신은 자제력을 키울 수 있다. 예술가처럼 따분해지는 법을 배우는 것이다.

그러고 나면 가장 놀라운 창의적인 아이디어로 보상을 받게 된다. 전혀 예상하지 못했던 순간에 말이다.

쉴 새 없이 무언가를 하면서 시간을 보내고 당신의 두뇌가 당신 자신과 소통하지 못하도록 하는 삶이 계속된다면, 세상에 존재하지 않는 것 같은 기발한 아이디어는 영영 얻을 수 없다.

물론 아무것도 하지 않는 시간을 보내는 연습을 한다고 해서 당장 첫날부터 창의적인 아이디어가 툭 하고 떨어지지는 않을 것이다. 어쩌면 첫날은 완전히 시간 낭비처럼 느껴지다 못해 아마 스스로를 저주하게 될지도 모르겠다. 당신의 못난 점이나 과거의 나쁜 기억 같은 것만 떠오르다가 어느새 '아무것도 하지 않는 시간'이 '지나치게 많은 생각의 시간'으로 바뀌고 말 것이다. 하지만 바로 그 순간이 여러분이 따분해지는 기술을 진정으로 배워야 할 때다.

따분해지는 기술을 연습하면 마음이 어디로 향하고 있는지 절대적이고 완전하게 인식할 수 있다. 거기다 내면의 세계를 뚜렷이 느끼며 자유롭게 돌아다닐 수도 있다. 마음이 자신을 끌어내리고 있다는 사실을 깨닫는 순간, 당신은 통제력을 되찾고 의식적으로 마음을 편안하게 해주는 다른 생각을 선택할 수도 있다. 이것도 일종의 기술이기 때문에 실천할 수 있을 때까지 시간이 걸리지만, 꾸준히 연습할수록 더 창의적인 생각을 떠올릴 수 있음은 물론이고 마음의 주인이 되는 법, 욕망을 조절하는 법, 인내심과 침착함을 키우는 법에 대해 깨닫게 될 것이다.

자기 자신에게 소속되는 법

조금 과하게 들릴지 모르지만, 이 말에 인생의 진리가 있다.

'영원한 것은 없다.'

가족을 비롯해 연인, 친구, 동료 등 우리 곁에 있

는 사랑하는 사람 모두 언젠가는 떠날 것이다. 사람들은 하루 24시간 내내 서로의 곁에 있을 수 없다. 직장을 찾아 새로운 도시로 이사하거나 대학 진학을 위해 집을 떠나기도 한다. 삶과 사람은 변한다. 그에 따라 우선순위도 달라진다. 그래서 '나 자신에게 소속되는 법'을 배우지 못한다면 당신은 누군가가 떠날 때마다 외로움을 느끼게 될 것이다.

물론 당신이 사랑받고 있다고 느낄 수 있도록 마음을 열어두는 일은 절대적으로 필요하다. 사랑하는 사람들과 함께하는 시간을 즐겨야 한다. 그 시간은 우리를 생동감 있게 만들 것이다. 하지만 '나 자신과 함께 즐기는 방법'도 배워야 한다.

내 친구 중 한 명은 지난 5년 동안 연애를 해왔다. 그녀의 삶은 남자 친구를 중심으로 돌아갔다. 그런데 갑작스럽게 남자 친구가 차로 열두 시간 정도

떨어진 다른 도시로 이사를 가야 했다. 그녀는 나에게 전화를 걸어 "그가 없으면 어떻게 해야 할지 모르겠어. 내 삶이 그 사람을 중심으로 돌아가는데…. 그가 없으니 모든 일상이 텅 빈 느낌이야"라고 말했다.

그때 내가 친구에게 했던 말을 당신에게도 전해주고 싶다.

"너의 삶을 작은 정원으로 만들어 봐. 그곳엔 모든 종류의 (정원이니 꽃으로 비유될 수 있는) 사람과 너의 관심사, 너의 취미가 있어. 네가 항상 사랑하고 사랑을 받을 수 있는 무언가 또는 누군가가 존재하지. 새롭게 사랑할 수 있는 친구를 사귀고, 열정적인 취미를 즐기고, 반려동물도 키워 봐. 어떤 형태로든 사랑이 항상 네 주변에 있도록 설레는 것들을 만들고 주변 관계를 구축하는 거야. 그러면 너의 삶은 더욱 다채로워질 거야."

다른 사람과 모든 순간을 함께해야 할 필요를 느끼는 대신 스스로에게 소속감을 느끼는 법을 배워보라. 필요가 있는 곳에는 정착이 생긴다. 그러니 혼자 있는 시간을 필요로 하면 그것에 만족하게 된다. 당신 스스로에게 만족하게 된다면, 다른 사람과 함께하는 것이 결핍이나 절박함 때문이 아니라 서로에 대한 사랑과 배려를 바탕으로 한 진정한 연결로 이어질 수 있다. 다른 사람의 선택에 휘둘려 살지 않고 내가 함께하고 싶은 사람을 선택하며 삶을 누릴 수 있게 될 것이다.

자신의 삶에 만족하고 스스로를 자랑스럽게 여길 수 있는 삶을 만들고 싶다면, 지금부터 혼자 있는 시간을 '성장의 시간'으로 바꾸는 방법에 대해 알아보자.

6장

외로움을
성장의 시기로 바꾸는 법

"내 안에는

나 혼자 살고 있는

고독의 장소가 있다.

그곳은 말라붙은 우리의 마음을

소생시키는 단 하나의 장소다."

_ 펄 벅(Pearl Buck), 작가

얼마 전 사라 애디슨 앨런(Sarah Addison Allen)이 쓴 『가든 스펠스』라는 소설책에서 정말 마음에 드는 문장을 발견했다. "당신이 자신을 좋아하든 싫어하든 당신 자신이다. 그러니 도대체 싫어할 이유가 뭘까?"

나는 이 문장이 우리 삶의 모든 영역에 해당한다고 생각한다. 좋든 싫든 당신은 혼자다. 그런데 왜 혼자임을 싫다고 규정하는가? 좋아해야 할 이유를 못 찾겠다면 스스로 이유를 만들어보자. 당신의 인생이 행복하고, 밝고, 성공해야 할 이유를 누군가가 던져줄 거라고 기대하지 말자. 원하는 것이 있으면 당신이 가서 얻어야 한다.

대학을 졸업하고 고향으로 돌아왔을 때 나는 아무것도 몰랐다. 내가 무엇을 좋아하는지, 어디에 열정을 쏟아야 하는지, 그걸로 어떻게 먹고살아야 할지 알지도 못한 채 끝없는 압박감에 시달려야 했다. 특별한 기술도 없이 무언가를 성취해야 하고, 내 가치를 증명해야 한다는 사회적 압박감이 나를 짓눌렀다. 그러나 내 감정을 공유할 수 있는 대화 상대가 전혀 없었다. 그 몇 주 동안 나는 자괴감과 연민에 사로잡혀 있었다.

이 책을 쓰고 있는 지금, 당시를 돌이켜보면 내 곁을 떠난 사람은 그 누구도 아닌 나였다.

그리고 이는 나뿐만 아니라 당신도 마찬가지다.

다른 사람을 지지하는 마음을 가질 때 우리는 그의 옆에 우뚝 선다. 다른 사람을 격려할 때는 마치 테드 강연을 하는 것처럼 열성에 찬 연설을 한다. 다른 사람들을 삶의 긍정적인 면으로 돌아오게 할 때면 우리는 모두 훌륭한 동기부여 연설가가 된다. 하지만 정작 자신을 응원해야 할 때는 모든 '혜안'을 뒤로하고 어떻게든 자기 파괴의 어두운 터널 속으로 스스로를 밀어 넣는다.

왜 그때의 나는, 그리고 지금의 당신은 스스로 일어설 용기를 내지 못한 걸까? 왜 아무도 우리에게 '먼저 너 자신이 너의 친구가 되어주라'고 말해주지 않았을까?

아무도 가르쳐주지 않았다면, 지금은 내가 그걸 해보려 한다. 스스로 자신의 친구가 되는 방법과 혼자 있는 시간을 성장의 발판으로 바꾸는 방법을 알려주는 일 말이다.

꿈을 친구로 만들어라

나는 아직 젊다. 누군가는 그냥 재미있게 놀고, 마음에 맞는 상대를 찾아 데이트하고, 신나는 노래에 맞춰 춤추며 사는 인생이어도 괜찮다고 말할 수 있는 나이일지도 모른다.

하지만 난 그렇게 살기를 원하지 않는다. 나는 성

공하고 싶고, 계획한 것들을 모두 이뤄나가고 싶고, 돈도 벌고 싶다. 동시에 스코틀랜드의 작은 마을에서 느리게 사는 삶도 꿈꾼다. 정말 대단하지 않은가?

고향에 돌아온 후 나는 친구들과 어울려 놀러 다니는 것보다는 내 목표와 꿈을 위해 살기로 마음먹었다. 그리고 내가 원하는 만큼 오랫동안 함께할 '새로운 친구'를 사귀기로 결심했다. 내 목표에 더 가까이 다가갈 수 있도록 진심으로 도와줄 친구. 매일 나 자신을 중요하다고 느끼고 자신감을 불어 넣어줄 친구 말이다. 나는 지금도 여전히 인생의 모든 단계에서 그 친구와 함께하고 있다. 그와의 관계를 잘 유지하는 것은 힘들지만 그 어떤 노력보다 가치가 있다. 나는 당신도 그와 좋은 친구가 되길 바란다. 분명히 지금보다 열 배는 더 행복해질 테니까.

이제 그 새로운 친구가 누군지 알겠는가?

목표와 꿈, 성공, 성취가 당신의 새로운 친구다. 그러니까 나는 지금 여러분에게 '당신 자신과 새롭게 시작하라'는 이야기를 하고 있는 것이다.

나는 당신에게 '성공한 사람의 관점에서 혼자 있는 시간을 바라보라'고 말하고 싶다. 그들이 시간을 어떻게 활용하는지 생각해 보라. 그들이 혼자 있는 시간은 외로움도 고독도 아니다. 그저 시간일 뿐이다. 당신이 그 시간을 어떻게 바라보느냐에 따라 어떤 라벨이 붙을지가 결정된다. 그리고 그 라벨의 이름은 당신의 마음가짐에 달렸다.

외로움에 대한 당신의 인식을 전환시켜라. 훗날 성공을 이룬 당신의 렌즈로 외로움을 바라보는 것이다. 혼자인 시간을 이용해 나 자신을 성장시키고, 꿈을 위해 노력하고, 그 꿈에 한 걸음씩 더 가까워지기를 기대하면서 앞으로 나아가자. 혼자 있는 시간 동안 나를 위해 무엇을 할 수 있을지 생각하는 것이다. 솔직히 정말 간단한 일 아닌가.

어차피 혼자라는 게 거부할 수 없는 현실이라면 '혼자라는 고독을 사랑하는 사고방식'을 가져보는 건 어떨까? 혼자 있는 것이 당신 자신을 업그레이드시키는 기회이자 여유이며 라이프스타일이라고 생각하는 것이다.

그렇다. 나는 당신에게 성공의 친구가 되라고 말하고 있다. 당신의 꿈을 최고의 친구로 삼아 그 친구와 함께 스스로를 성장시키고 목표를 향해 한 걸음 한 걸음 나아가면 그때마다 작은 성취가 인생에 마치 새로운 추억처럼 추가될 것이다.

이제 문제는 다시 '어떻게'로 돌아온다. 우리는 어디서부터 어떻게 시작해야 할까? 성공과 친구가 될 준비가 되었다면 이제 새 친구의 관심을 끌기 위한 몇 가지 노력을 기울여보자.

당신의 진짜 꿈은 무엇인가?

어디로 가고 싶은지 모른다면 어떻게 그곳에 도달할 수 있을까?

누구나 성공하고 싶고, 꿈꾸는 삶을 살고 싶어 한다. 누구나 큰 성취를 이루기 원하며 누구나 우주에 흔적을 남기고 싶어 한다. 하지만 내가 당신에게(또는 당신이 주변 사람에게) 성공이 무엇인지 물어본다면, 아마 '돈 많이 벌어서 멋진 고급 주택에 살고, 값비싼 스포츠카를 타며, 부모님과 사랑하는 사람들에게 편안한 삶을 선물하고, 전 세계를 여행하며 행복하게 사는 삶' 정도로 대답할 것이다.

참 웃기면서도 슬픈 이야기다. 우리는 모두 다른 성격, 다른 취향, 다른 사고방식을 갖고 있는데 어떻게 우리가 꿈꾸는 삶이 다 거기서 거기일 수 있을까?

당신과 나는 성공이란 것이 '큰 집, 멋진 차, 휴가지에서 찍은 아름다운 사진'과 같은 거라고 생각하도록 학습되어 왔다. 아, 나는 돈을 많이 벌겠다는 꿈이 잘못된 거라고 말하는 사람은 아니니 걱정하지는 마라. 오히려 나는 돈을 사랑하는 사람이다.

다만 문제는 우리가 사회의 고정관념을 따르고 있다는 점이다. 우리는 모두가 가진 것을 나만 갖지 못한다면 스스로 뒤처졌다고 생각한다. 그래서 이런 목표를 세운다. 샤넬 가방, 이탈리아 여행, 에펠탑 앞에서 청혼하는 아름다운 연인, 누구보다 똑똑하고 귀여운 아이 등이다. 그리고 그걸 진짜로 달성해야만 한다고 생각한다.

특정한 것에 욕구를 갖는 게 문제라는 소리가 아니다. '다른 사람이 갖고 있는 것을 나도 갖고 싶어 한다'는 것이 문제다. 우리는 우리의 삶을, 모두가 상상하는 값싼 꿈과 다른 사람들이 소유하고 있는 물질적인 것들의 집합으로 만들고 있다. 우리가 인생에서 무엇을 원하는지 스스로에게 묻지 않고, 우리 주변에서 가장 멋지고 잘나 보이는 사람을 모방하여 그들처럼 되려고 노력한다는 점이 문제다.

나는 이런 현상을 우리의 기본적인 사고 능력을 빼앗아간, 잘 설계된 체제라고 부른다. 좀 더 이야기해 보자면 이렇다. 당신은 성공하기 위해 많은 돈을 벌고 싶다고 말한다. 좋다. 그렇다면 자신과 평화롭게 지내려면 얼마나 많은 돈이 필요할까? 얼마나 많은 돈을 벌어야 스스로 성공했다고 할 수 있을까? 그 목표에 1%라도 더 가까워질 수 있는 구체적인 계획이 있는가? 한 달에 천만 원을 버는 것이 꿈이라면 지금 당장 10만 원을 벌 계획은 있는가? 아니면 언젠가 마법처럼 0원에서 천만 원으로 뛰어오를 수 있을 거라고 생각하는가? 만약 이 마법이 가능하다고 믿는다면, 이 마법을 현실로 바꿀 수 있는 당신만의 비법이 있는가?

　이번에는 당신의 목표가 돈을 버는 것이 아니라 인생에서의 평화와 정신적 평온을 찾는 것이라고 가정해 보자. 좋다. 당신은 정신적 평온을 위해서 무엇을 하는가? 명상을 하는가? 한다면 얼마나 자주 혹은 오래 하는가? 수천 가지 생각이 떠오르는 뇌를 가라앉히기 위해 가끔 명상을 하는가? 아니면 매일 정해진 시간에 기도문이나 주문을 외우며 홀로 있는가? 나의 하루를 되돌아보기 위해 일기를 쓰는가, 아니면 내 삶이 얼마나 엉망인지에 대해 지나치게 생각만 많이 하는가?

오해하지 않길 바란다. 당신의 마음을 불편하게 만들 의도는 전혀 없다. 나는 단지 당신에게 현실을 알려주려는 것뿐이다. 막연히 성공한 자신의 모습을 상상하고, 그렇게 될 수 있을 거라는 생각만으로 성공할 수 있다고 믿는다면 당신은 완전한 환상 속에 살고 있는 것과 다름없다. 더군다나 당신에게 있어 성공이 무엇을 의미하는지도 모른다면 문제는 더욱 심각해진다.

바로 이것이 당신이 혼자가 되어야 하는 이유다. 주변에 좋은 사람들이 있고 삶이 행복하고 즐겁더라도 매일 시간을 내어 누구의 영향도 받지 않고 독립적으로 생각할 수 있도록 혼자 있는 시간을 가져야 한다.

이 책 앞부분에서 내가 말한 것이 기억나는가? 혼자 있을 때 당신은 오직 하나의 마음, 하나의 의견, 하나의 관점만 다룬다. 당신은 혼자였던 적이 없거나 적어도 그것을 받아들인 적이 없으므로 자신의 생각이 어떤지 모른다. 당신은 그저 세상이 던지는 것만 따르고 받아들이고 있다.

이것이 내가 혼자 있는 시간을 늘리기 시작한 이유 중 하나다. 혼자 시간을 보내야만 당신이 진정으로 무엇을 원하는지 알게 된다. 주변의 아무런 방해도 없이 온전히 자신에게 집중한 상태여야만 내면의 목소리를 들을 수 있기 때문이다.

예전에 나는 고민이 있을 때마다 사람들에게 조언을 구하곤 했다. 나는 스스로 결정을 내리지 못하는 사람 중 하나였다. 내 의견에 대한 확신이 너무 부족해서 내 앞에 놓인 두 가지 선택지 중 하나를 고르지 못해 한없이 시간을 허비하곤 했다. 나는 항상 나에게 무엇이 좋은지 말해줄 사람을 찾아 헤맸다. 하지만 이제는 안다. 내 삶의 가장 훌륭한 조언자가 누구인지 말이다.

수많은 결정이 나를 기다리고 있는 상황 속에서 내가 혼자였을 때, 나는 내가 얼마나 의존적인 사람인지 깨달았다. 거기다 자신 있게 결정을 내릴 만큼 내 자신을 충분히 신뢰하지 못한다는 것 또한 깨달았다. 그게 나만의 문제라면 좋겠지만 당신도 나와 비슷한 어려움을 겪고 있을지 모른다.

우리가 군중을 따르는 핵심적인 이유는 우리의 결정과 선택을 믿지 못하기 때문이다. 우리는 무엇 하나 쉽게 결정하지 못하는 자신보다 군중을 신뢰하는 게 더 안전하다고 느낀다. 그리고 혼자라는 사실에 두려움을 느껴 새로운 길을 잘 가려고 하지 않는다.

하지만 이제 그만하면 충분하다. 남들처럼 되고 싶다는 생각을 언제까지 할 것인가? 모두에게 같은 기준이 적용되는 경쟁에 왜 목을 매는가? 일상에서 벌어지는 사소한 행복을 누리지 못하면서 남들과 똑같이 성공하려고 노력하는 일에 지치지 않는가?

그보다 가장 중요한 질문이 있다. 자신이 원하는 삶을 살거나 원하는 일을 한 적이 없다는 사실을 깨닫기 위해 다른 사람들이 하는 일만 따라 하며 평생을 낭비하고 싶은가?

다음의 한 가지는 꼭 기억해 두기를 바란다.

모든 것에 대해 자신만의 정의를 내려라. 다른 사람들이 가진 것으로 당신 인생의 위시 리스트를 만들지 마라.

자신만의 정의를 내려라

당신 자신이 진정으로 원하는 것이 무엇인지 모를 때는 눈에 좋아 보이는 모든 것이 다 갖고 싶어진다. 그게 인간의 본능이다.

신은 친절하게도 우리 모두에게 각기 다른 두뇌를 주셨다. 하지만 우리는 스스로 생각하는 힘을 꺼버리고 세상이 기대하는 것을 맹목적으로 따른다. 그러다가 '왜 내가 꿈꾸던 모든 것을 다 가졌는데도 행복하지 않을까?'라는 고민에 빠지게 된다. 그러고는 다른 사람들이 제안하는 것처럼 감사 목록을 만들어서 내 삶이 얼마나 그럴듯한지 살펴보거나 내가 얼마나 운이 좋은지 스스로에게 상기시켜야겠다고 생각하게 된다.

이제 내면의 빛이 당신을 인도할 수 있도록 뇌의 버튼을 켜야 할 때다.

두뇌의 버튼을 켜는 일은 대체 어떻게 해야 할까? 걱정하지 말자. 생각보다 간단하니까. 지금까지 사회의 규칙과 정해진 정의에 따르는 연습을 해온 것처럼, 이제 우리는 모든 것에 대한 개인적인 규칙과 정의를 만드는 법을 배워야 한다. 사람들은 방에 놓은 작은 소품 하나에도 자신의 취향이 묻어나야 한다고 이야기하면서 정작 자신의 삶은 잊고 산다. 참 아이러니한 일이다. 하지만 역시 안 하는 것보다는 늦는 게 낫다.

얼마 전 나는 일상에서 기쁨을 찾는 방법에 대한 게시물을 인스타그램에 공유한 적이 있다. 거기에 어떤 사람이 '전 여전히 행복을 위해 무엇을 해야 할지 모르겠습니다'라는 댓글을 달았다.

이는 우리가 우리 자신과 얼마나 멀어졌는지를 여실히 보여주는 사례다. 다른 사람들만 바라보며 사는 경쟁 사회에서 우리는 우리 자신을 잃어버렸다. 내가 행복이나 성공을 찾는 데 도움이 되는 비법이나 기술을 알려줄 수 있기를 기대했다면, 미안하지만 이 책을 쓰레기통에 내던져도 좋다.

나는 당신에게 무엇을 해야 할지 알려줄 수 없다. 나는 당신이 누구인지, 당신이 어떤 삶을 살았는지, 무엇이 당신의 심장을 흥분으로 뛰게 하는지, 무엇이 당신의 모든 신경에 기쁨을 느끼게 하는지 알지 못한다. 나는 당신에 대해 그 어느 것도 모른다. 아마 아무도 모를 것이다. 내가 행복이나 성공을 찾는 쉽고 빠른 몇 가지 팁을 알려준다면 당신은 당장 이 책의 리뷰에 별 다섯 개를 주고 동기부여를 받을 수 있을지도 모르겠다. 그러나 며칠 후에는 곧 그 팁을 다 잊어버릴 것이다. 왜냐고? 당신에게서 나온 해결책이 아니기 때문이다. 그것들은 아마 당신의 삶에 맞지 않을 것이다.

결국 당신이 차분히 앉아서, 당신 스스로 정의를 내려야 한다. 스스로에게 물어보자. 나는 행복해지고 싶은가? 그렇다면 당신에게 행복이란 어떤 의미인가? 더 깊이 파고들어 당신을 행복하게 하는 것이 무엇인지, 일상생활에 약간의 행복을 더할 방법이 무엇인지 곰곰이 떠올려보라.

성공하고 싶은가? 좋다, 당신에게 성공이란 어떤 의미인가? 성공의 정의는 무엇이며 당신이 상상하는 성공적인 삶은 어떤 모습인가? 직업적으로 성공하는 것을 원하는가, 아니면 삶의 모든 영역에서 성공하는 것을 원하는가? 성공에 대한 정의를 나침반으로 삼아라.

행복과 성공에 대한 정의를 유튜브나 책에서 찾으려고 하지 마라. 당신의 마음속에서 들리는 진솔한 이야기를 기준 삼아야 한다. 다른 사람의 발자취만 따라가서는 자신의 인생을 만들 수 없다.

당신의 인생은 당신만의 보물이다. 당신의 인생은 당신의 손에 달렸다. 당신이 주도권을 잡고 모든 것을 스스로 정의해야 한다. 주인을 맹목적으로 따르는 노예처럼 사는 것은 이제 그만두자. 당신이 세상의 왕이나 여왕은 아닐지라도 당신의 삶 속 주인공은 바로 당신이다. 그러므로 당신이 삶을 소유하고 있다는 그 사실 그대로 행동하라.

스스로 결정하고 모든 것에 대한 정의를 내려라. 사회로부터 무언가를 받아들이기 전에 먼저 생각하자. 모든 인간에게 특별히 주어진 두뇌라는 축복을 사용하자. 내가 무엇을 좋아하고, 어떻게 살고 싶은지

내면을 들여다보고 건강한 지침을 찾아야 한다.

    이제 인생의 주인이 될 시간이다. 이제 당신의 삶에 당신만의 사적인 온기를 불어넣을 방법에 대해 알아보자.

7장

매일 할 수 있는
한 가지를 실행하라

"삶에서 가장 파괴적인 단어는 내일이다.

가난하고 불행하고 실패하는 사람들은

종종 내일부터 투자하겠다고 말한다.

오늘은 승자들의 단어고

내일은 패자들의 단어다.

당신의 인생을 바꿀 수 있는 말은

오늘이라는 단어다."

_ 로버트 기요사키(Robert Toru Kiyosaki), 경제학자

지금 당신은 행복한가? 만약 자신의 삶에서 무엇이 부족한지 모르고 있다면 당신은 꿈에 그리는 삶을 만들 수 없다. 모든 사람은 삶을 바꾸고 싶어 한다.

당신도 마찬가지일 것이다. 하지만 중요한 질문은 바로 '왜'다.

인생을 바꾸고 싶은 이유 두 가지를 내게 말해줄 수 있는가? 인생을 바꾸고 싶게 만드는 것, 즉 자신 또는 자신의 삶에서 마음에 들지 않는 것은 무엇인가?

두 가지 강력한 이유를 생각해 내지 못한다면, 이 모든 것은 이틀만 지나면 잊힐 유튜브 속 동기부여 연설처럼 느껴질 것이다. 무엇을 바꾸고 싶은지도 모르는데 어떻게 바꿀 수 있겠는가?

자리에 앉아 마음을 가라앉힌 뒤 '나 자신이나 내 삶에서 마음에 들지 않는 것이 무엇인지' 목록을 작성해 보자. 무엇을 바꿔야 하는지 의식적으로 아는 것이야말로 우리가 꿈꾸는 삶을 향한 첫걸음이 된다.

당신이 꿈꾸는 삶은 현재의 삶과 다를 것이 분명하다. 그래서 이를 '꿈의 삶'이라고 부르겠다. 꿈의 삶과 현재 삶의 차이점이 무엇인지 스스로에게 물어보라. 직업적 차이뿐만 아니라 삶의 각 영역에서 더 깊이 파고들어 차이를 분석해 보라.

여기서 각 영역이란 신체적, 직업적, 정서적 상태의 차이를 의미한다. 또한 꿈의 삶이란 당신이 꿈꾸는 일상의 모습을 의미한다. 어느 날 갑자기 마법처럼 이루어지는 것이 아니다. 언젠가 꿈꾸는 삶을 이루려면 매일 그 비슷한 모습으로라도 행동해야 한다. 이 말이 당신의 영혼 깊숙이 자리 잡을 때까지 다음의 문장을 반복해서 읽어보기를 바란다.

인생은 하루아침에 마법처럼 바뀌는 것이 아니라 당신이 매일매일 살아가는 방식을 바꾸는 것이다.

다시 한번 강조하고 싶다. 하던 일을 잠시 멈추고 조용한 곳에 앉아 종이 한 장을 꺼내 지금 삶에서 마음에 들지 않는 다섯 가지를 적어보라. 현재 하는 일이든 가족이나 연인에 대한 불만이든 수면 시간표든 뭐든 상관없다. 아무도 여러분을 위해 그 목록을 대신 작성해 주지 않는다. 그리고 오늘 스스로 그렇게 하지 않으면 70세가 되었을 때 살아온 날을 후회하게 될 것이다.

내가 꿈꾸는 인생이 어떤 모습인지 상상하지 못하고 현재 인생에서 무엇이 문제인지 모른다면 결코 꿈의 삶을 사는 사람이 될 수 없다.

비밀 하나를 알려주겠다. 가끔은 자신에게 가혹해도 괜찮다. 지나친 자기애는 현실에서 도망쳐 상상의 거품 속에 살게 할지도 모르기 때문이다. 인간의 내면은 그렇게 살기를 원하지 않는다. 우리는 있는 그대로의 나를 사랑하고, 성장하는 과정에서 기쁨을 느낀다.

그러니 자신에게 솔직해지자. '나는 완벽한 사람이고 내 삶에는 아무 문제도 없다'고 생각하지 마라. 그것은 독이 되는 자기애다. 당신의 더 깊은 내면은 당신이 무엇을 할 수 있는지, 잠재력을 얼마나 발휘하지 못하고 사는지를 잘 안다. 이 격차가 자기혐오를 만든다. 하지만 이 간극은 자신에게 솔직해지기 시작함으로써 메울 수 있다.

자신에게 정직해지는 법을 배워라

다른 사람에게 무언가를 요구하기 전에 스스로에게 정직해지는 법을 배워라. 자신의 모든 꿈을 죽이는 것은 바로 자신이라는 사실을 받아들일 용기를 가져야 한다. 당신의 뇌가 당신에게 던지려고 하는 거짓말에 당당히 맞서라.

살면서 말과 행동이 일치하지 않는 사람들, 즉 거짓말하는 사람들을 많이 만나게 된다. 다른 사람이 당신을 진심으로 대할지 거짓으로 대할지는 당신이 통제할 수 없지만, 당신 자신에게 정직해지는 법은 배울 수 있다.

마음속 깊은 곳에서는 당신에게 가장 좋은 것이 무엇인지 알고 있다. 당신을 이용만 하는 사람이 누구인지, 그리고 그들을 언제 떠나야 하는지 감지할 수 있으며, 언제 당신이 잘못을 저질렀는지, 또 언제 잘못된 일을 당했는지 깨달을 수 있다.

그러나 당신의 뇌는 안일한 곳에 머무르라고, 모

든 걸 그대로 놔두면 편할 거라고 속삭일 것이다. '다른 사람들도 안 하는데 뭐 어때. 모른 척하자', '오늘은 너무 피곤하니까 하루만 더 쉬자' 같은 핑계를 대며 스스로를 설득하게 될 것이다. 자신에게 정직해지는 것이 가장 힘든 일이기 때문이다.

두려움을 안고 살다 보면 상황을 피하기 위해 노력하는 것 외에는 선택의 여지가 없다. 하지만 자신에게 정직하면 삶이 훨씬 더 만족스러워진다. 자신에게 가장 좋은 것을 주었다는 사실을 알면 진실로 행복해진다. 자기만족은 바로 여기서 시작된다.

1단계: 한 가지에 집중하는 힘

우리가 자신을 개선하려고 노력하면서 저지르는

큰 실수 중 하나는 모든 일에 한꺼번에 집중하는 것이다.

우리는 매일 헬스장에 가고, 감사 목록을 작성하고, 건강한 식사를 하려고 노력한다. 그러나 모든 것에 집중하다 보면 결국 그 모두를 포기하고 종국에는 자신을 실패자라고 비난하는 수준까지 이르게 된다.

한 번에 전부를 바꿀 수는 없다. 그것은 불가능한 일이다. 모든 것을 한꺼번에 해내려고 할수록 지치고 버겁고 숨 막히는 여정이 될 것이다. 그렇게 열심히 노력했는데 어느 분야에서도 성과를 얻지 못하면 전부를 포기하고 싶어지는 게 당연하다. 그러면 어떻게 될까? 당연히 자존감이 낮아진다. 그리고 자기 자신을 인생에서 결코 좋은 결과를 얻을 수 없는 사람이라고 생각하기 시작한다.

우리가 해야 할 일은 한 번에 한 가지에 집중하는 것이다. 일상에서 한 가지를 바꾸는 것은 훨씬 쉽다. 한 영역에서 성과를 얻기 시작하면 행복감을 느낄 뿐만 아니라 자존감도 높아진다. 이렇게 생긴 자신감은 삶의 곳곳에 스며들어 더 많은 부분을 개선할 수 있는 원동력이 되어준다.

나는 2020년에 직장을 그만두고 성공적인 프리랜서 작가가 되겠다는 꿈을 꾸었다. 치열하게 노력했지만 몇 달 동안 단 한 건의 의뢰도 받지 못했다. 실패였다. 우울증에 시달렸고 공과금도 내지 못할 정도로 궁핍했다. 반면에 나의 대학 동기들은 안정적인 직장을 다니며 돈을 벌고, 멋진 물건을 사고, 근사한 휴양지로 여행을 떠나며 살고 있었다. 나는 질투가 났다. 내가 앞으로 나아가고 있다는 것을 스스로 증명하고 싶었다.

나는 당장 작가를 위한 온라인 플랫폼인 미디엄(Medium)에 글을 쓰기 시작했다. 솔직히 처음에는 기대가 딱히 없었다. 그저 내가 무언가를 하고 있다는 것을 스스로에게 증명하고 싶었을 뿐이다.

나에게는 매일 한 편의 글을 쓰겠다는 목표가 있었다. 그리고 10개월 후, 내 팔로워는 1만 명이 되었다. 하지만 그게 다가 아니었다. 팔로워들로부터 정말 많은 피드백을 받았다. 내 안에서 알 수 없는 자신감이 생겨났고, 나는 스스로를 작가로 여기기 시작했다. 나는 항상 말의 힘을 믿어왔는데, 미디엄에서 많은 사랑을 받은 후 내가 하는 말에도 힘이 있다는 사실을 알게 되었다. 그리고 마침내 첫 번째 책인 『내 말의 상처(The Wounds of My Woeds)』를 쓰게 되었다.

아직도 내가 작가라는 게 꿈이나 환상처럼 느껴진다. 누군가 열 살짜리 나에게 "넌 언젠가 작가가 될 거야"라고 말했더라면 어린 나는 웃었을 것이다. 반면 누군가 2020년의 나에게 "넌 언젠가 작가가 될 거야"라고 말했다면, 나는 내 상황을 조롱하는 것 같아 더 우울해졌을 것이다. 그때 나는 내가 글을 잘 쓴다고 생각하지 않았으니까.

나는 아직도 내가 작가라는 사실이, 이렇게 두 번째 책을 쓰고 있다는 게 믿기지 않는다. 그리고 이 모든 일은 그때 내가 내린 한 가지 결정 때문에 일어났다. 그것은 단순한 결정이 아니라 행동이었다. 10개월 동안 매일 미디엄에 글을 한 편씩 쓴 단 하나의 행동이 나를 자신감 부족한 프리랜서에서 진짜 작가로 변화시켰다.

당신도 그렇게 하길 바란다. 갑작스러운 큰 변화는 잊고 마법 같은 건 바라지도 마라. 앞서 작성한 목록(현재 자신의 삶에서 마음에 들지 않는 것)을 꺼낸 뒤 그 목록에서 하나의 큰 '이슈'를 선택하라. 여기서 하나의 큰 이슈가 의미하는 것은 이러하다.

다시 2020년으로 돌아가 보자. 그때는 내 인생에서 많은 일이 잘못되고 있었다. 먼저 몸 상태가 좋지 않았다. 온몸에 이유를 알 수 없는 피부 알레르기가 심하게 번진 상태였다. 내 커리어도 어디로 향할지 알 수 없었다. 불안하고 막막한 심정은 갈수록 내 정신 건강을 악화시켰다. 여기서 당신은 한 가지 중요한 점을 이해해야 한다.

사람들은 마치 학교 선생님이 숙제를 내주듯 당신에게 정신 건강을 챙기라고 요구할 것이다. 정신 건강은 현재 우리가 어떤 삶을 살고 있는지 여실히 보여준다. 만약 당신 삶에 문제가 생기면 스트레스, 우울, 불안을 느낄 것이다. 문제가 클수록 더 많은 정신적 문제를 겪게 될 것이다.

내 경우에는 나의 경력이 가장 큰 걱정거리였다. 두 번째 직장은 내게 꽤 해로웠다. 상사는 종종 나에게 소리를 질렀고, 내가 작가로서 절대 성공할 수 없을 거라고 빈정거리기도 했다. 이 말은 꽤 오랫동안 날 따라다녔다. 회사를 그만두고 글쓰기에 전념하고 있을 때, 독자가 늘지 않아 어려움을 겪을 무렵 또다시 그 상사가 했던 말이 내 머릿속에 울리기 시작했다. 그 말은 마치 진실 같았고, 나는 내 가치에 대해 의문을 품었다. 자존심은 바닥을 쳤다. 이 모든 게 나를 우울하게 만들었다.

200권이 넘는 책을 읽은 후 내가 깨달은 것이 있다면 그건 거의 모든 문제를 치료하는 것은 바로 '행동'이라는 사실이다.

행동하기로 결심한 나는 곧 미디엄에 뛰어들었다. 그리고 나머지 이야기는 앞에서 말한 대로다.

당신 역시 당신의 삶 속 모든 게 맘에 들지는 않을 것이다. 하루하루 부족한 점을 느끼고, 후회하고 반성할 것이다. 오늘 당신이 어떻게 살고 있는지를 두고 많은 결함을 느낄 것이다. 하지만 당신은 마술사가 될 수 없다. 모든 것을 한 번에 해결할 수 없다는 뜻이다. 이때는 본질주의자가 되어야 한다.

지금 당신의 삶에서 직면하고 있는 가장 큰 문제 한 가지를 선택해 보자. 당신을 계속 끌어내리는 한 가지는 무엇인가? 여러분을 불안하게 하고 스트레스를 주는 삶의 핵심 문제는 무엇인가? 당신이 한곳에 갇혀 있다고 느끼게 하는 삶의 한 측면이 무엇인지 곰곰이 생각해 보자.

그 한 가지 큰 문제를 파악하는 게 중요한 이유가 있다. 그 한 가지 큰 문제가 혼자 있는 것을 싫어하는 이유일 수 있기 때문이다. 당신은 이미 알고 있다. 혼자가 되자마자 마음속에서 당신의 삶에서 무엇이 잘못되었는지에 대한 알람을 보낸다는 사실을 말이다. 할 일 없이 혼자 있을 때, 마음은 당신의 삶이 형편없다는 것을 상기시키며 당신을 다시 바닥으로 끌어내린다.

모든 것을 한꺼번에 바꾸고 개선하고 싶은 충동을 느낄 것이다. 그러나 한 번에 여러 가지 일에 비슷한 효율로 집중할 수 있는 사람은 없다. 욕심을 내려놓고 하나에 마음을 쏟자. 한 가지를 개선하는 데 집중하면 성과를 측정하기가 더 쉬워질 뿐만 아니라 신나는 기분이 들기도 한다. 하루아침에 세상을 바꿔야 한다는 압박감을 느끼지 않기 때문이다.

이제 잠시 책을 덮고 지금까지 말한 그 한 가지 큰 이슈를 파악하는 시간을 갖도록 하자. 이제부터는 그 한 가지 영역에 대해 어떻게 행동할 수 있는지에 대해 논의할 것이다.

2단계: 하나의 큰 행동

삶의 어느 영역에 더 많은 관심을 두어야 하는지 결정했으면 이제는 행동에 나설 차례다. 하지만 문제는 어디서부터 시작해야 하는가다. 사람들은 대부분 동기부여도 없이 무작정 시작하고서는 얼마 안 돼 막막함을 느끼는 실수를 범한다.

나도 항상 이런 실수를 하곤 했다. 유튜브에서 건강한 생활 방식에 대한 영상을 보고는 동기부여를 받아 '그래, 좋았어, 올해에는 꼭 건강을 잘 챙기겠어!'라고 다짐했다. 하지만 일주일도 채 지나지 않아 넷플릭스에서 화끈한 로맨틱 코미디 영화를 보면서 감자튀김과 피자를 입에 넣고 있는 내 모습을 발견하곤 했다.

하지만 앞서 말했듯 내가 미디엄에 글을 쓰기 시작했을 때 내게는 단 하나의 목표가 있었다. 그 목표는 바로 '쓰는 것', 즉 '행동'이었다.

나는 내 목표를 매일 한 개의 글을 쓰는 것이라고 설정한 뒤 날마다나에게 격려의 메시지를 보냈다. 다른 사람들로부터 받고 싶은 피드백을 내가 나에게 보내는 것이다. 이 기능이 유용한 이유는 또 있다. 정신이 느슨해질 때 마음을 다잡아주는 것은 물론이고 글쓰기에 필요한 영감도 얻을 수 있기 때문이다. 나는 진행 상황을 추적하기 위해 엑셀 시트를 만들거나 따로 일기장을 사지 않았다. 왜일까?

자신에게 과도한 부담을 주지 않기 위해서였다.

솔직히 하나의 행동을 추적하는 일이 힘들면 얼마나 힘들겠는가? 매일 한 편의 글을 쓰는 것 역시 쓰거나, 안 쓰거나 둘 중 하나다. 간단하지 않은가?

멋지고 활력 있어 보이는 커다란 목표를 세우는 것도 괜찮다. 그것이 당신의 큰 열정을 보여줄 테니 말이다. 하지만 지나치게 큰 목표는 당신의 마음이 붕 떠 있다는 것을 증명하는 일이기도 하다. 사람들은 항상 목표를 세운다. 스스로에게 거창한 약속을 제안하고 결국에는 핑계도 스스로 댄다. 그러면서 다른 사람들에게는 약속을 안 지킨다고 뭐라 하고 있으니 참 재밌는 세상이다.

숨을 고르고 내가 하는 말에 집중해 보라. 한 가지에 집중하라는 나의 말이 당신의 목표와 그것을 얻기 위한 당신의 노력을 바라보는 방식을 중대하게 변화시킬 것이다. 모호한 목표는 세우지 않는 것과 다름 없다. 우리에게 필요한 것은 '행동 목표(Action Goals)'를 설정하는 것이다.

행동 목표를 설정한다는 것은 당신이 꿈꾸는 삶을 이루기 위해 무엇을 할 것인지 알고 있다는 뜻이기도 하다. 동시에 행동 목표는 당신이 목표에 한 걸음 더 다가가기 위해 매일 해야 할 일을 명확하게 정의하는 데서 시작한다.

내 행동 목표는 '매일 한 편의 글을 쓰는 것'이었다. 그것은 하나의 행동이며, 매일 해야 하는 것이란 사실을 분명히 담고 있다.

이제 당신 차례다. 종이를 꺼내서 큰 이슈, 하나의 행동 목표를 적어라. 목표에 더 가까워지기 위해 매일 수행할 한 가지 행동이 무엇인지 스스로에게 명확히 밝혀라. 그리고 무슨 일이 있어도 실행하라.

3단계: 나의 방식으로 유연하게

인간 본성에 대한 기본적인 사실 중 하나는 억지로 무언가를 할수록 기분이 가라앉고 우울해진다는 것이다. 마치 당신 스스로에게 무언가를 강요할 때처럼 말이다.

과거에 나는 좋은 습관이나 성실해 보이는 작은 루틴을 따르려고 했는데, 할 때마다 항상 실패했다. 내가 항상 실천하고 싶었던 습관 중 하나는 새벽 5시에 일어나는 것이었다.

나는 일찍 일어나면 많은 이점이 있다고 진심으로 믿는다. 심지어는 베스트셀러 작가 로빈 샤르마(Robin Sharma)의 『변화의 시작 5AM 클럽』과 할 엘로드(Hal Elrod) 작가의 『미라클 모닝』도 읽었다. 두

권 모두 너무 좋은 책이었다. 나는 유튜브에서 '일찍 일어나는 방법', '하루를 빨리 시작하는 사람들', '아침 루틴' 등을 검색해 동영상을 찾아봤다.

하지만 결과적으로 이 모든 것이 나에겐 아무 효과가 없었다. 시도했지만 번번이 실패했다. 엄마는 나를 '잠자는 숲속의 미녀'라 놀리기도 했다. 그런데도 나는 왜 그렇게 일찍 일어나려고 노력했을까? 늦게까지 자는 나 자신을 저주하면서까지 말이다.

그러던 어느 날 사람은 개인마다 생체시계가 다르다는 개념을 알게 되었다. 간단히 설명하자면, 생체시계는 우리가 가장 효율적으로 일할 수 있는 시간을 뜻한다. 즉, 모든 사람이 일찍 일어나야 하는 것은 아니다. 어떤 사람은 밤에 업무 효율이 가장 높고, 어떤 사람은 이른 새벽에 일하는 것을 선호한다.

이 개념을 알게 된 후 내 몸이 보내는 신호에 귀 기울였고, 나는 내가 일찍 일어나는 것에 맞지 않는 사람이라는 것을 깨달았다. 나는 밤에 가장 집중을 잘하고, 일이 잘되며, 가장 창의적이라고 느낀다. 최대한 많은 일을 해내는 게 내 목표였다면 나는 왜 억지로 일찍 일어나려 했단 말인가? 이제 내가 언제 가장 집중을 잘하는지 알았으니, 다른 사람들이 가장 선호하는 루틴을 따르지 못하는 나 자신을 저주하는 대신 내가 원할 때 일을 한다.

내가 왜 이런 이야기를 하는 걸까?

목표를 세우는 건 누구나 한다. 하지만 대부분은 포기한다. 나도 분명히 포기한 적이 있고, 당신도 그랬을 거라고 확신한다. 대체 우리는 왜 목표를 세우고는 이내 포기해 버릴까?

이유는 간단하다. 며칠이 지나면 마치 벌을 받는 것처럼 느껴지기 때문이다. 처음에는 동기부여를 위해 노력하는 것이니 기분이 좋다. 하지만 동기가 사라지는 순간 흥미를 잃고 지치는 일로 인식하게 된다. 그러니 자연스럽게 포기하고 만다.

모든 사람은 생활 습관은 물론이고 일하는 방식도 모두 다르다. 다른 사람의 솔루션을 억지로 당신에게 적용하려고 하면 자신의 삶을 통제할 수 없게 된다.

목표를 설정하는 일 역시 내가 앞에서 설명했던 것처럼 '다른 사람처럼 굴지 않아야' 한다. 건강한 삶을 원한다고 해서 아이돌 그룹의 멤버처럼 과도하게 음식 섭취를 제한하는 건 오히려 건강을 해치는 삶이 된다. 다른 사람들의 시선에 좋아 보이기 위해 자신의 목표를 설정하는 일만큼 어리석은 것도 없다. 자신의 목표를 다른 사람의 기준에 맞추게 되면 우리 내면에서는 긍정적 동기와 의욕이 사라지고 만다. 진짜 나를 위한 일이 아님을 마음속에서 알아차리기 때문이다.

목표를 달성하는 일은 지치지 않을 만큼 재미있고 신나야 한다. 그리고 재미있게 일하려면 스스로 유연성을 발휘해 기존의 목표 달성 방식에서 벗어나야 한다. 자신이 어떤 방식으로 일하는 것을 좋아하는지, 누구와 함께할 때 에너지를 얻는지, 어떤 시간에 가장 잘 일할 수 있는지 알아내고, 목표를 실행에 옮길 때마다 힘을 얻어야 한다.

올해 내 목표 중 하나는 작가로서의 여정에 집중하는 것이다. 나의 큰 실천 목표는 글을 매일 10페이지씩 쓰는 것이었다. 나는 많은 사람이 권장하는 것처럼 아침 일찍 책상에 앉아서 글을 쓰지 않는다. 나에게 글쓰기는 일상이 아니라 음악이다. 억지로 음악을 들을 수는 없다. 그래서 나는 아침에 일어나자마자 글을 써야 한다고 나 자신을 궁지에 밀어 넣지 않는다. 대신 여유로운 산책을 즐기고 난 뒤나 우연히 마음에 드는 노래를 발견했을 때처럼 시시때때로 기분이 좋을 때마다 글을 쓴다. 그게 내게는 더 재미있고 행복한 일이다.

또 다른 목표도 있다. 나는 항상 건강을 유지하고 싶었다. 매일 헬스장에 가겠다는 계획을 세우고 멋진 몸매를 가꾸는 내 모습을 상상하곤 했다. 하지만 한 주 이상 지속하지 못했다. 그래서 올해는 매일 몸을 움직이겠다는 목표를 세웠다. 방법 역시 틀에 가두지 않았다. 유행하는 운동법을 따라 하는 대신 내가 좋아하는 방식을 택했다. 어떤 날에는 춤을 추고, 어떤 날에는 요가를 한다. 눈이 일찍 떠지는 날이면 아침 일찍 자전거를 타고 오기도 한다. 내 운동에 일정한 규칙은 없다. 그저 내가 원할 때 몸을 움직이는 것, 그것이 전부다.

나는 매일 내가 원하는 방식으로 목표를 향해 나아가는 중이다. 특정한 방식으로 특정 일을 하도록 나 자신에게 강요하지 않는다. 이것이 내 삶이다. 그리고 나는 내가 안정감을 느끼고 즐거워하는 방식으로 목표를 달성할 것이다.

당신도 그렇게 하기 바란다. 일을 부담으로 느끼기보다 재미로 만들어라. 조금씩 변화를 주는 것도 좋다. 오늘 하고 싶은 일에 집중하고, 평범한 일이라도 어떻게 하면 더 재미있게 만들 수 있을지 연구해보라.

당신은 항상 똑같은 상태가 아니다. 당신은 진화한다. 좋아하는 것도 바뀌고 업무 스타일도 달라진다.

그리고 어제는 당신에게 효과가 있었던 것이 내일은 효과가 없을 수도 있다.

이제 당신이 실행할 수 있는 목표를 설정하라. 그리고 당장 시작한 뒤 꾸준히 행진하기 바란다.

8장

혼자 있는 시간에 중독되는 기쁨

"20년 후 당신은 했던 일보다

하지 않았던 일로 인해

더 실망할 것이다.

이제 밧줄을 풀고

안전한 항구를 떠나 항해하라."

_마크 트웨인(Mark Twain), 작가

 우리는 왜 어떤 사람들과 시간을 보내면 즐겁고, 또 어떤 사람들과는 함께 있는 게 부담스럽고 싫은 걸까?

 당신이 사랑하는 사람들, 그리고 당신을 사랑하

는 사람들과 함께 있으면 시간이 빠르게 흘러가는 것처럼 느껴진다. 당신에게 그들의 존재는 매우 익숙하다. 그들은 사랑과 이해, 웃음과 비밀을 당신과 공유하고, 당신은 그 모든 것들을 계속 기대하게 된다. 그리고 그들과 함께 있지 않을 때는 그 모든 달콤한 것들이 그리워진다.

반면 특정 사람들과 함께 있을 때는 느리게 가는 시간이 악마처럼 느껴진다. 그들과 함께 있는 매 순간이 달갑지 않아 시계를 부수고 싶은 마음마저 든다. 그들은 당신을 이해하지 못하는 것 같다. 당신에게 줄 것도 없고, 사랑과 이해도 없으며, 비슷한 관심사도 없다.

내가 지금 하는 말이 이해가 안 된다면 좀 더 간단하게 설명하겠다. 만일 당신이 당신 자신과 시간을 보내는 것을 좋아하지 않는다면, 자기 자신과의 관계가 바로 앞서 설명한 후자에 속한다고 봐야 한다. 당신은 당신 자신에게 줄 것이 없고, 사랑도 없고, 기쁨도 없는 상태라는 것이다.

앞서 언급했듯이, 내가 고향에 돌아왔을 때 친구들은 나와 계속 연락하고 싶어 하지 않았다. 그러다 어느 순간 나에게 메시지를 보내 같이 놀지 않겠냐고 물어봤다. 그 사이 뭐가 달라졌는지는 모르겠다. 중요한 건 이거다. 나는 그들과 함께 시간을 보내고 싶지 않았다. 집에서 혼자 있으면서 내 할 일을 하는 게 너무 편안하고 행복하고 평화로웠고, 다른 누군가의 인형이 되고 싶지 않다고 생각했다. '예전의 레누카는 없어. 지금의 나는 다른 사람이야.'

이제 나는 혼자서도 재밌게 시간을 보낸다. 나는 내가 즐거워하는 일들이 무엇인지 잘 알고 있고, 실제로 혼자 있는 시간을 알차게 보낸다. 나에게 혼자 있는 시간이란 비참한 시간이 아니라 중독성 있는 시간에 가깝다. 당신도 나처럼 혼자 있는 시간을 내면이 깊어지는 값진 시간으로 꽉 채웠으면 좋겠다.

기쁨의 원천을 만들어라

누구나 마음속에 묻어둔 위시 리스트가 있지 않는가? 항상 해보고 싶었는데 시간이 없어서 시도하지 못했던 일들 말이다. 친구들의 SNS를 염탐하거나 넷플릭스를 반복해서 볼 시간은 있어도 소위 나만의 자유 시간이 없다는 핑계로 미뤄두었던 특정 취미나 열망 등이 있을 것이다. 아무튼 마음속에 품고 있던 하고 싶던 일들을 떠올려보자.

어렸을 때의 우리는 완벽함이나 생산성에 대한

걱정 없이 낯선 일에 도전하거나 새로운 게임을 하는 것이 너무 신났었다. 하지만 무엇이든 이루어야 한다는 책임감, 성공해야 한다는 부담감, 자신의 가치를 증명해야 한다는 강박관념이 우리 삶에서 모든 즐거움을 없애버렸다. 과거에 우리의 마음을 불태우던 것들이 지금 우리 삶에서 빠져버리고 만 것이다. 예전에는 설레던 피크닉 장소가 있었지만 지금은 하루 종일 소파에 앉아 갈 곳이 없다는 불평만 늘어놓는다. 어떻게 이런 일이 일어났을까?

내 생각은 이렇다. 어린 시절 우리는 인생의 소소한 기쁨을 찾는 데 아무런 문제가 없었다. 실제로 아이들은 스스로를 즐겁게 할 방법을 잘 찾는다. 그래서 아이들은 거의 항상, 아주 행복하다. 자신을 행복하게 만드는 방법을 알고 있으니까. 하지만 어른들은 대부분 슬프다. 스스로 행복해지려 노력하는 게 아니라 누군가가 우리를 즐겁게 해주기를 기대하기 때문이다. 그러다 아무도 오지 않으면 외로움을 느낀다.

매일 하는 것 중 당신이 행복해지는 일이 한 가지라도 있는가? 있다면 무엇인가?

대답하기 쉽지 않을 것이다. 안다. 나도 그랬으니까. 어찌 보면 외로움을 느끼는 것도 당연하다. 하지만 내가 당신 엄마였더라면 당신에게 소리라도 질렀을 거다. 제발 그러고만 있지 말라고, 당장 나가서 네가 좋아할 만한 일을 하라고 말이다.

어른이 된다는 것이 쉽지 않다는 걸 이해한다. 매 순간이 고되고 복잡하다. 당장 일도 해야 하고, 돈도 벌어야 하고, 어린아이가 있다면 아이를 돌보는 일도 해야 한다. 동시에 자기 자신도 살펴야 한다. 심지어 이 모든 것을 한꺼번에 처리한다. 얼마나 열심히 노력하는지, 얼마나 많은 일을 하는지, 하루가 끝나면 얼마나 피곤한지 같은 것들은 신경 쓸 여력이 없다. 하지만 중요한 것은 하루 중 단 한 가지라도 만족감을 느낄 수 있는 일을 하고 있느냐는 것이다.

우리는 너무 열심히 노력해서 피곤함을 느끼는 것이 아니다. 우리를 진정으로 행복하게 만드는 일을 너무 적게 하기 때문에 지친다고 느낀다.

따라서 당신과 당신 자신, 즉 당신 내면의 아이와 연결되어 있다고 느낄 수 있는 일을, 한 가지라도 의도적으로 한다면 삶에 대한 기쁨이 느껴지기 시작할 것이다. 우리의 일상생활에는 적어도 한 가지 이상의 설레는 일, 기대되는 일이 있어야 한다.

기쁨은 알아서 당신을 찾아오지 않는다. 기쁨을 찾아야 하는 것은 바로 당신 자신이다. 찾을 수 없다면 당신 삶 속에서 스스로 기쁨의 원천을 만들어야 한다. 당신에게 기쁨이 될 만한, 매일 할 수 있는 일을 만들어서 도전해 보자. 멍하니 주말만 기다리면서 버티는 삶이 아니라 스스로 즐거운 삶을 만들어보자.

물론 말처럼 쉽지는 않겠지만, 항상 하고 싶었던 일을 시도하지 못한 것에 대해 변명하는 일도 지겹지 않은가? 당신 내면의 자아는 당신이 삶을 따라잡고 당신에게 중요한 일을 시작하기를 언제나 기다려 왔다. 다른 사람들과 세상이 당신의 삶에 기쁨을 가져다주기를 충분히 기다렸다고 느낀다면, 이제 당신이 의도적으로 '기쁜 삶'을 만들 차례다.

여기서 중요한 건 '행복한 삶'이 아니라 '기쁘고 즐거운 삶'이다. 행복은 순간이지만 기쁨은 삶을 풍요롭게 만든다. 당신이 '의도적으로' 인생에서 기쁨을 찾고자 하면, 분명히 그 기쁨의 원천을 적어도 한 가지 이상은 찾을 수 있다.

그런데 왜 내가 의도적으로라는 단어를 반복해서 사용하는지 아는가? 왜냐하면 아주 처음의 마음가짐으로 돌아가서, 인생에서 잘못된 일 모두를 세상 탓으로 돌리는 편이 우리에게 더 쉬운 해결 방법이기 때문이다. 하지만 스스로 책임감을 느끼고 이를 완전히 인식하면서 당신의 하루를 기쁨으로 채울 수 있는 무언가를 찾다 보면 주변의 거의 모든 일이 즐거움으로 바뀐다는 사실을 알게 될 것이다.

당신에게 찾아오는 기쁜 삶이란 아침에 마시는 차의 향기, 뺨을 스치는 햇살, 당신을 향해 반갑게 인사하는 누군가의 기분 좋은 목소리처럼 사소한 것들일 수도 있다. 그 찰나의 순간들에 숨겨져 있는 기쁨을 찾아내는 것이 바로 당신이 할 일이다. 기쁨은 당신과 숨바꼭질하듯 숨어 있다. 마음속 깊은 곳에 숨어 있는 기쁨을 찾는 것이 당신의 숙제다.

나는 내가 자란 지역에 항상 불만이 많았다. 너무 작은 도시라서 내가 좋아하는 것이 아무것도 없다고 생각했다. '나는 자연을 사랑하는데 공원이라고는 하나도 없어. 나는 책벌레인데 도서관도 없고 서점도 없는, 거기다 미술관도 없는 작고 보잘것없는 도시야'라고 말이다.

그때 내가 마냥 이런 것들이 생겨나기를 기다렸다면, 아마 지금까지도 계속 불평만 하면서 살고 있었을지 모른다. 그러나 나는 그런 환경을 탓하거나 내가 좋아하는 것을 희생시키는 대신 이미 내가 가진 것으로 기쁨의 원천을 만들기를 선택했다.

나는 저녁마다 도시의 좁은 거리를 산책하기 시작했다. 대부분의 사람들이 그렇듯 나 역시 산책에서 많은 것을 기대하지는 않는다. 그저 잠시 쉴 수 있기만을 바란다. 모두가 삶의 레이스에서 승리하기 위해

서두르는 세상으로부터의 휴식. 저녁 산책은 내 가치관을 새롭게 하고 내가 사는 도시를 경외심을 가지고 바라볼 수 있게 해주었다. 전에는 눈에 보이지 않던 것들에 주의를 기울이게 되고, 오래된 집과 정교하게 만들어진 문들에서 작은 역사의 조각을 찾아보게 된 것이다.

똑같이 단조로운 일들을 하는 똑같은 얼굴들을 바라보다가도 놀랄 만한 무언가를 발견하는 경우가 있다. 이것이 내가 저녁 산책을 선택한 이유였다. 내 마음속으로 들어가기 전에 잠시 사람들을 바라보고 관찰하고 싶었다. 은밀하게 누군가의 삶의 일부가 되고 싶었다.

고향에 있든, 다른 곳에 있든 지금도 저녁 산책은 내가 가장 기다리는 시간이다. 특히 피곤하고 졸음이 쏟아지는 오후에는 더욱 그렇다. 잠시 멈춰 쉬면서 주의를 기울이지 않던 것들을 볼 수 있다는 생각은 마음을 설레게 한다. 다른 사람에게는 그게 보잘것없어 보이는 일일지 모르지만, 나에게는 의미가 있다. 세상의 압박에서 벗어나 고요하고 완전한 휴식을 취하는 데 큰 도움이 된다.

다시 말하지만 삶의 기쁨은 대단한 곳에서 시작되지 않는다. 사소한 일상에서 기쁨을 찾고자 노력해보자. 아침 운동을 끝낸 뒤 모닝커피를 마시는 것도 좋다. 촛불을 켜고 낭만적인 음악을 들으며 요리를 해보는 것도 좋다.

당신의 마음은 이미 기쁨이 어디에 있는지 알고 있다. 마음의 소리를 따라 매일매일 즐거운 삶을 만들어보라. 그리고 이걸 기억하기 바란다. 당신이 기쁨을 찾지 않는다면 고민과 걱정거리들이 당신을 찾을 거라는 사실을 말이다.

새로운 무언가를 배우고 도전하는 일

나는 항상 수영, 서예, 독일어를 배우고 싶었다. 그리고 솔직히 말해 아직도 새로운 것에 도전하고 싶다는 불타는 열망을 마음속에서 느낀다. 하지만 예전의 나는 이러한 나의 욕망에 진심으로 관심을 기울이지 않았다. 왜냐하면 모두가 말하듯 일단 시간이 없었으니까. 그리고 또⋯ 흠, 딱히 더 댈 핑계가 없다.

왜 우리는 새로운 것을 시도하고 싶은데도 그러지 못하고 평생을 사는 것일까? 왜 새로운 것을 배우기를 두려워할까? 우리는 다른 사람의 SNS를 구경하는 데는 몇 시간이고 낭비하지만, 새로운 경험에 투자하기 위해 매일 15분을 할애하는 것은 어려워한다. 우리는 돈 한 푼 내지 않고도 유튜브를 여는 것만큼이나 쉽게 새로운 것을 배울 수 있는 세상에 살고 있다. 모든 리소스를 손끝에서 무료로 이용할 수 있는데도 끝끝내 핑계나 거짓말을 찾아낸다. 얼마나 관대한 세상인가!

우리가 배우고 싶은 것을 하지 못하게 가로막고 있는 진짜 정체는 무엇일까? 내가 깨달은 건, 내가 나 자신을 속이고 있었다는 사실이었다.

진정으로 하고 싶은 일이 있다면 시간은 문제가 되지 않는다. 문제는 어리석은 변명을 늘어놓는 습관이다. 어설픈 변명이 아니다. 마치 아카데미 주연상이라도 받을 것처럼 스스로에게 완벽하게 거짓말하는 습관 말이다.

작년에 나는 세 가지 새로운 기술을 배웠다. 그중 하나가 '코바늘 뜨개질'이다. 사실 코바늘 뜨개질은 열여섯 살 때부터 배우고 싶었는데, 이제야 실천에 옮기게 되었다. 작은 바늘과 실을 이용해 새로운 걸 만들 수 있다는 생각에 매일매일 설렌다. 유튜브에서 가방을 뜨는 방법을 찾아보고 핀터레스트에서 귀여운 크로셰 탑을 저장해 놓는다.

모든 게 신난다. 일 말고도 내게 또 다른 삶이 있다는 느낌이 든다. 새로운 것을 만들 때마다 내가 성장하고 있다는 느낌도 든다. 항상 배우고 싶었던 것을 배운다는 사실에 흥분된다. 사실 어제도 잠을 자려고 누웠는데 새로운 패턴의 코바늘 뜨개질 생각으로 머릿속이 꽉 차고 말았다. 결국 나는 침대에서 일어나 코바늘 뜨개질을 시작했다.

새로운 것을 시도하거나 배울 시간이 없을 수도 있다는 것을 이해한다. 하지만 다른 사람도 아닌 자기 자신을 위해 매일 15~20분을 투자하는 게 과연 불가능한 일일까?

나는 당신의 삶을 흥미진진하게 만들자고 제안할 뿐이다. 무언가를 배우고 좋아하는 일을 하면서 혼자 있는 시간에 중독되어 보자. 평소에 해보고 싶었지만 여러 핑계로 하지 못했던 것, 배우고 싶었지만 충분한 관심을 기울이지 못했던 것을 지금부터 배워보자. 그게 나처럼 뜨개질일 수도 있고, 아니면 수영, 아니면 새로운 언어일 수도 있다.

새로운 무언가를 익히는 데는 시간이 걸리겠지만, 그 과정은 당신의 일상을 설렘으로 가득 채워줄 것이다. 한 단계씩 성장하는 기쁨을 누릴수록 삶이 풍성해질 것이다. 당신의 영혼이 다시 깨어나고, 창의적인 아이디어가 떠오르기 시작할 것이다. 그리고 이 모든 게 완벽한 삶처럼 느껴질 것이다. 그러니 한번 시도해 보자. 혼자 있는 시간을 성장하는 시간으로 만드는 데 배움만큼 효과적인 것은 없다.

두뇌에 지식을 차곡차곡 쌓아라

'공부는 지루하고, 책만 보는 사람은 괴짜'라는 말을 한번쯤 들어봤을 것이다. 나는 이 말을 세상에서 가장 한심한 거짓말이라고 생각한다. 우리는 이런 편견을 은연중에 학습하며 자라왔다.

우리가 사는 세상의 모든 체제는 신중하게 설계되었다. 사람들은 주말에 멋진 공원이나 도서관에서 책을 읽는 대신 술에 취해 흥겹게 몸을 흔드는 게 더 즐거운 삶이라고 생각한다. 이런 사고 역시 우연이 아니다. 우리를 정신적으로 나약하게 만들어 리더가 아닌 팔로워로 머물게 한다.

어쩌면 교육 시스템은 우리가 책을 싫어할 수밖에 없게끔 만들어졌을지도 모르겠다. 교육 당국이 우리를 대신해 정한 과목들을, 우리가 다 잘해야 한다니 너무 부당한 요구 아닌가? 강요된 과목의 점수를 기반으로 우리의 지능을 증명까지 해야 하니 사람들이 공부를 싫어하는 것도 당연한 일이다.

하지만 다행스럽게도, 지금 이 책을 읽고 있는 당신은 아마 더 이상 억지로 학교를 다니지 않아도 될 나이일 것이다. 만약 학교에 다니고 있더라도 어떤 지식이 당신의 인생에서 더 중요한지는 스스로 판단할 수 있을 것이라 생각한다. 그러니 지식을 습득할 책임은 이제 당신에게 있다. 학교의 엄격한 과정과 시스템은 끝났다. 당신은 이제 혼자서 뭐든 결정할 수 있다. 당신은 자신을 설레게 하고 인생에서 성장하는 데 도움이 될 책을 선택할 수 있다.

대학을 졸업한 후 나는 처음으로 내가 읽고 싶은 책을 사서 읽었다. 그즈음의 나는 극심한 좌절과 정신적 붕괴, 그 외에도 여러 개인적이고 직업적인 문제들로 고통받고 있었는데, 내가 그때 읽은 책은 로빈 샤르마의 『페라리를 판 수도승』이었다.

이 책은 당시 나를 둘러싼 모든 것을 명확하게 보는 데 도움이 되었을 뿐만 아니라 내가 책과 사랑에 빠지게 해주었다. 그 이후로 나는 1년여 동안 200권이 넘는 책을 읽었다. 마치 책에 중독된 사람처럼 한 페이지 페이지마다, 책 한 권 한 권마다 빠져들어서 읽었다.

대학을 졸업했으니 이제 나를 지도해 줄 교수도, 나를 인도해 줄 다른 누구도 없었다. 자신감이 극도로 부족했던 나는 항상 나를 이끌어줄 사람을 필요로 했다. 그랬던 나에게 책이라는 존재가 생긴 것이다. 나는 삶의 모든 측면에서 내게 도움이 될 지혜를 책에서 찾았다.

나는 내가 도움이 필요한 분야가 있을 때마다 그 주제에 관한 책을 읽기 시작했다. 그게 다였다. 그 이후로 내 삶은 설명할 수 없는 방식으로 바뀌었다. 진부하게 들릴지 모르지만 다음의 말은 진리다.

'책은 언제나 강하며 글은 당신의 인생 전체를 바꿀 힘을 갖고 있다.'

나는 이 말을 생활 속에서 체감하고 있다. 내 삶은 이 명언대로 움직여왔다. 책은 나를 변화시켰으며 나 자신과 세상을 이해하는 등불이 되어주었다. 인생에서 나보다 더 많은 것을 경험한 사람들의 지식과 지혜를 내 두뇌에 듬뿍 공급해 주었다. 나는 다른 사람들의 이야기를 통해 나 자신에게 친절해지는 법, 다른 사람에게 공감하는 법을 배울 수 있었다. 책은 내가 숨을 들이마실 때마다 지혜를 넣어주었고, 숨을 내쉴 때마다 인생에서 더 성공할 수 있는 자신감을 얻게 해주었다. 나는 날마다 더 현명해지고 있음을 느끼고 또 믿는다.

　책은 지루하지 않다. 책은 마법이다. 책에는 당신이 꿈꾸는 모습으로 변화시킬 힘이 있다. 그리고 가장 중요한 것은, 책은 우리의 가장 친한 친구라는 점이다. 책은 사람들처럼 당신을 떠날 일도 없다. 책을 읽으면 그 지식은 영원히 당신과 함께하며 길을 잃었을 때 친절한 안내자가, 도움이 필요할 때 따뜻하고 다정한 동반자가 되어준다. 친구에게 기대하는 것도 바로 그런 것 아닌가? 당신은 가장 친한 친구가 당신에게 솔직하기를 원하지 않는가? 책은 우리에게 언제나 정직하다. 거기다 책은 당신이 더 나은 사람이 될 수 있게 이끌어준다.

　미디어에 갇혀서 지혜를 놓치는 것만큼 어리석은 일은 없다. 책은 어떤 분야든 상상 이상으로 흥미롭다. 모든 장르의 책을 읽어보라. 더 나은 삶을 사는 법을 배우고 싶다면 자기계발서를 읽고, 더 잘 생각하는 방법을 배우고 싶다면 위대한 철학자들의 책을 읽자. 정신적으로 강해지고 싶다면 심리나 뇌과학 책을 보라. 삶에 활기를 불어넣고 싶다면 판타지를, 인간을 이해하고 싶다면 소설을 읽어라.

책에는 모든 게 있다. 책을 읽어 두뇌에 영양을 공급해 보자. 우리에게 쉼이 되는 시간, 즉 바로 그 '혼자 있는 시간'에 책을 꺼내 최소 다섯 페이지 이상 읽어보자. 당신에게 영감을 주는 사람들이 쓴 책을 읽고, 그들의 말을 당신 것으로 만드는 것이다. 더 이상 변명은 하지 말자. 당신의 잠재력은 아주 크다. 세상에 당신을 성장시켜 줄 지혜는 아주 많다. 그리고 책은 그 지혜를 배우며 앞으로 나아갈 수 있는 가장 쉬운 방법이다.

물론 책이 전부는 아니다. 두뇌에 지식을 공급하는 것이라면 꼭 책이 아니어도 좋다. 당신이 좋아하는 사람들의 강연을 들어보라. 호기심을 자극하는 주제가 있다면 그것이 머릿속에서 서서히 죽어가도록 놓아두지 말아라. 요점은 쓰레기가 아닌 지식, 즉 영양을 두뇌에 공급하는 것이다. 사람들이 어떻게 당신을 떠났는지에 대해 불평할 시간이 어딨는가? 세상에는 당신이 배워야 할 것이 너무도 많다. 당신이 살아 있다고 느끼게 해줄 지식이 너무나 많다. 거기에 시간을 투자하라.

아주 작은 팁을 하나 언급하고 끝내겠다. 노트북이나 스마트폰에 별도의 폴더를 만들어도 좋고 혼자서 학습하는 것들을 적을 노트를 마련해도 괜찮다. 그 폴더나 노트의 이름을 '내 정신의 영양소' 정도로 지어보면 어떨까?

당신이 배우는 모든 사소한 것들을 모두 그 노트에 정리하자. 팟캐스트나 강연을 들었다면 요점만이라도 적어보자. 검색하고 싶은 주제가 있다면 그 주제를 적고 머릿속으로 날짜를 정해 그 주제나 개념에 대해 배우는 시간을 따로 가져보자. 책을 읽었다면 새롭게 깨우친 모든 내용과 생활에 적용하여 실천하고 싶은 모든 것을 적어라. 영감을 주는 사람이 있다면 그 사람의 이름을 적고, 그 사람에 대해 알게 된 모든 것을 적어라. 이 메모장이나 별도로 만든 폴더가 삶의 변화를 향한 첫걸음의 상징이 되도록 하자. 최고의 당신 모습을 만들 준비가 되었음을 선언하자.

우리가 만든 이 '정신의 영양소'가 가져다주는 효과는 결코 사소하지 않을 것이다. 일상에서 풍성한 기쁨을 발견할 수 있게 해주고, 도전할 수 있는 과제가 되어주며, 더 나은 삶을 향한 의미 있는 발자취로 남을 것이다.

결국 내가 하고 싶은 말은 이거다. 절대 시간을 허비하지 마라. 자신을 성장시키고, 무엇보다도 자신의 삶을 스스로 즐겨라.

9장

완전하게 홀로 서라

"나는 인생에서 최악의 일이

홀로 지내는 것이라고 생각했다.

하지만 그게 아니다.

인생에서 최악의 일은

나를 홀로 느끼게 하는 사람들과

함께 지내는 것이다."

_ 로빈 윌리엄스(Robin Williams), 배우

나는 재밌고 상상력이 풍부한 사람이다. 아니다. 내게는 문장을 불완전하게 끝내는 나쁜 버릇이 있다. 정확히 말하자면 '나는 재미있고 상상력이 풍부한 사람이다. 내 마음속에서.'

스무 살이 되었을 무렵 나는 친구들과 즐겁게 지내는 상상을 많이 했다. 나는 항상 그랬던 것 같다. 새로운 친구를 사귀자마자 그들과 함께 즐거워하며 하룻밤을 보내고, 함께 영화를 보고, 다른 도시를 탐험하는 등 너무 달콤하게 들릴 수도 있는 모든 것을 상상하곤 했다.

대학에 입학했을 때만 해도 멋진 친구들을 만나 주말마다 새로운 도시를 탐험하거나 영화에서 배운 것을 바탕으로 같은 NGO에 소속되어 함께 활동할 수 있을 거라고 상상했다. 하지만 대학 생활은 기대와 정반대였다. 처음 몇 주 동안은 수줍음이 많고 자신감이 부족해서 신발을 내려다보지 않고는 누구에게도 "안녕하세요"라고 인사조차 할 수 없었다. 친구를 사귀었지만 나나 그 애나 나가서 새로운 것을 시도하고 싶어 하는 성격은 아니었기에 항상 방에만 있곤 했다.

대학을 졸업하고 고향에 돌아왔을 때도 비슷한 일이 일어났다. 당시에는 무엇보다 경력을 쌓는 일이 먼저라고 생각했다. 우선 경력을 쌓고 나면 인기 있는 도시들을 여행하면서 평생 가는 좋은 친구를 사귈 수 있을 거라고 기대했다. 그리고 나의 계획대로 경력을 쌓은 뒤 여행을 시작했지만 단 두 도시를 다녀오는 것으로 모든 여행은 끝이 나고 말았다. 왜냐고? 현실은 내가 상상했던 것만큼 경이롭지 않았기 때문이다.

하지만 그 경험을 통해 깨달은 것은 우리는 항상 다른 사람들과 함께 즐겁게 지내기를 기대한다는 것이다. 친구들과 파티를 하고, 연인과 데이트를 하고, 가족들과 소풍을 가고, 가끔 절친과 브런치를 함께하는 삶을 동경한다.

문제는 우리의 매혹적인 상상력이 현실과 일치

하지 않을 때 나타난다. 브런치 약속을 잊었거나 바쁜 일정으로 파티에 갈 수 없는 경우, 또는 당신이 즐거워하는 일들을 상대방이 좋아하지 않는 경우다. 그러나 이때 다른 사람을 탓해서는 안 된다. 그들은 당신의 욕망이나 기분에 따라 기능하는 존재가 아니다. 그들에게도 삶이 있다. 당신의 욕구를 충족시키거나 당신의 상상을 현실로 구현하는 것은 그들의 몫이 아니다.

하지만 당신 마음속에는 그 모든 걸 하고 싶은 욕망이 있다. 누군가는 그 욕망에 관심을 기울여야 한다면, 그 누군가는 누구여야 하겠는가? 바로 당신이다. 다른 사람이 인정하지 않는다고 해서 마음속에 당신의 욕망을 묻어두기만 할 수는 없다.

이제 끝이 얼마 남지 않았다. 내가 마지막으로 하고 싶은 말은 단순하다. 이 책에서 당신이 가져가길 바라는 한 가지, 그리고 수년 동안 나에게 도움이 된 한 가지는 바로 이것이다.

다른 누군가와 함께하고 싶었던 일을 당신 자신과 먼저 하라.

나는 항상 친구들이 모두 모여서 촛불을 켜고 분위기를 조성한 후 맛있는 음식도 준비하고 좋아하는 영화를 보면서 밤새워 노는 홈파티를 하고 싶었다. 영화에서 자주 보던 장면이라 친구들과 함께하면 재미있을 것 같다는 상상을 한 것이다.

하지만 대학을 졸업하고 그런 파티를 하기는 쉽지 않다. 우리는 책임감이라는 짐을 짊어진 어른이 되었고, 그런 소소한 일들에 더 이상 시간을 투자할 만큼 한가하지 못한 삶을 산다. 그래서 나는 생각했다. 친구들이 못 오면? 상관없다. 해답은 '혼자서도 할 수 있다'는 것이다.

    나는 일 때문에 스트레스를 받거나 일상적인 고민으로 지칠 때마다 조명을 어둡게 한 뒤 촛불을 켜고, 파스타를 주문한 뒤 아이스커피를 만들어 편안한 자세로 소파에 기댄다. 그런 다음 크리스마스를 주제로 한 로맨틱한 영화를 본다. 고백하건대 정말 천국에 온 것 같은 기분이 든다. 적어도 몇 시간 동안은 내가 이 험난한 세상의 일부가 아닌 것 같은 기분이 된다.

    결론적으로 나에게는 완벽한 영화의 한 장면을 재현하고 싶다는 욕망이 있었다. 그리고 그 욕구를 나는 충실히 충족시켰다. 나는 내 상상력에 대한 책임을 스스로 진다. 다른 누구도 아닌 나 스스로다. 만약 친구들이 오기만을 기다렸다면 아마 지금도 난 누군가를 기다리는 삶을 살고 있었을 것이다.

또 나는 항상 소풍이라는 개념을 좋아했다. 그래서 한 달에 한 번씩 40분 정도 운전해서 넓은 공터가 있는 곳으로 간다. 책(또는 전자책 킨들), 일기장, 뜨개질 도구(맞다! 아까 얘기한 그 코바늘 뜨개질이다)와 먹을 것도 챙긴다. 주로 아이스커피와 도넛을 가져간다. 그러면 기분이 얼마나 좋은지는 더 설명하지 않아도 알 것이라 생각한다. 나는 이것이야말로 진정한 자기 관리처럼 느껴진다. 내가 원하는 것을 나 자신에게 해주는 거니까.

내가 만약 당신의 엄마였다면, 혼자라서 하지 못했던 모든 일을, 지금 당장 하라고 당신을 문밖으로 몰아붙였을 것이다.

다른 사람이 당신의 욕망을 이해하고 그것을 함께 현실로 바꿔주기를 기다리는 게 얼마나 어리석은지 깨달았을 거라고 생각한다. 이제 당신이 원하는 모든 걸 당신에게 스스로 해줄 때다.

　매월 말이나 초에 자신과의 저녁 데이트를 계획해 보자. 오늘 하루가 어땠는지, 무엇을 했는지, 다음 날은 어떻게 시작하고 싶은지 스스로에게 이야기하는 것이다. 방을 새롭게 꾸미거나 다른 사람에게 받고 싶은 편지를 자신에게 써보자. 자신에게 꽃 한 송이를 사줘도 좋다. 아니, 작은 화초를 사는 게 더 좋겠다. 그러면 화초를 보면서 언제나 '내 편이 있구나'라는 사실을 스스로에게 상기시킬 수 있으니까. 목표를 달성할 때마다 자신에게 특별한 선물을 건네고, 스스로를 칭찬하며 "나는 내가 자랑스럽다"라고 소리 내어 말해보자.

　덧붙이기. 가능하다면 자신에게 '나는 내가 그리웠다'라는 주제로 편지를 써보자. 이상하게 들리겠지만 일단 시도해 보라. 당신이 어떻게 자신을 그리워했는지 적는 동안 자신에 대해 얼마나 무지했는지, 그리고 왜 이런 실수를 이제는 반복하지 않을 수 있는지도 알게 될 것이다. 마지막으로 하고 싶었던 모든 것을 하지 못했던 이유와 앞으로 그것들을 어떻게 할 것인지도 함께 적는다.

자신에게 꽃을 사주든 커피를 사주든, 무엇을 계획했든, 자신을 위한 행동을 낭만적인 방식으로 실천하면 된다. 당신의 욕망을 인정하고, 그것을 상상 이상으로 멋지게 만들어보자. 중요한 것은 결국 자신을 위한 노력이다.

세상은 커다란 셀프서비스 디너파티와 같다. 사람들이 먼저 다가와 당신이 원하는 요리를 접시에 올려주기를 기대한다면 당신은 계속 배고프기만 할 뿐 그곳에 있는 음식을 맛볼 수 없을 것이다. 모두가 자신이 좋아하는 음식을 스스로에게 대접하느라 바쁠 테니까.

    이 책을 통해 세상에 무엇이 있는지, 당신은 무엇을 탐험하고 싶은지 알아보고 직접 가서 맛보게 되기를 바란다. 앞서 말했듯 당신은 혼자다. 그러나 외로운 혼자가 아니라 충만한 혼자다. 이제 완전하게 홀로 서라.

감사의 글

 이 책은 내가 나 자신을 돕지 않았더라면 나오지 못했을 것입니다. 대부분은 이런 상황에서 자신이 사랑하는 주변 사람들에 대한 감사를 먼저 전한다는 걸 생각하면, 다소 이상한 감사의 글로 느껴질 수 있음을 인정합니다.

 하지만 나는 내 곁에 아무도 없었을 때 혼자 버텨낸 나 자신에게 사랑한다고 이야기하고 싶습니다. 자기 의심과 불확실성, 어두운 미래에 둘러싸여 있을 때 스스로를 포기하지 않았던 나에게, 나만의 생각이라는 의심에 맞서 열심히 싸운 나 자신에게 감사하고 싶습니다. 꿈을 현실로 바꾸기 위해 모든 노력을 다한 나 자신에게 말이지요.

또한 내 모든 기사와 게시물에 엄청난 사랑을 보내준 팔로워와 독자들에게도 감사드린다는 말을 전합니다. 제가 사랑받고 있음을 느끼게 해준, 저에게 자신감이라는 큰 선물을 전해준 독자들이 아니었다면 결국 저는 아무것도 아니었을지도 모르겠습니다.

레누카 가브라니

**혼자의 시간으로
더 깊어지는 법에 관하여**

초판 1쇄 발행 2025년 3월 28일
초판 3쇄 발행 2025년 9월 3일

지은이 레누카 가브라니
옮긴이 최유경
펴낸이 한보라

편집 임나리
경영관리 권송이
디자인 봄바람

펴낸곳 퍼스트펭귄 **출판등록** 2023년 7월 21일 제 2024-000025호
전화 070)8866-7990 **팩스** 031)8057-7990
이메일 1stpenguin@1stpenguin.be
종이 (주)월드페이퍼 **인쇄·제본** 한영문화사

ISBN 979-11-990403-3-5 (03190)

- 책값은 뒤표지에 있습니다.
- 파본은 구입하신 서점에서 교환해드립니다.
- 이 책은 저작권법에 의하여 보호를 받는 저작물이므로 무단 전재와 복제를 금합니다.